Zillertal

Walter Klier

Bergwanderungen in den Zillertaler Alpen

Auswahlführer
für Wanderungen im Schmirn- und Valser Tal,
im Zillertal und seinen Nebentälern
sowie im obersten Pinzgau

Mit 53 Farbfotos
und 50 Wanderkärtchen im Maßstab 1: 50 000

BERGVERLAG RUDOLF ROTHER GMBH · MÜNCHEN

Umschlagbild:
Im Aufstieg zur Edelhütte an der Ahornspitze.

Bild gegenüber dem Titel:
Die Untere Schwarzachalm (Schwarzachgrund).

Alle Fotos vom Autor

Kartographie:
Wanderkärtchen im Maßstab 1: 50 000
W. Mayr, Innsbruck

4. Auflage 1999

ISBN 3-7633-4175-7

Bergverlag Rother · Haidgraben 3 · D-85521 Ottobrunn
Tel. (089) 608669-0 · Fax (089) 60866969
Internet www.rother.de · **E-mail** bergverlag@rother.de

Vorwort

Der vorliegende Wanderführer umfaßt im wesentlichen das Zillertal selbst, das beim Dorf Strass in das Inntal mündet, mit seinen Hauptorten Fügen, Zell am Ziller und Mayrhofen; dazu kommen seine Nebentäler: der Finsinggrund, das Tuxer Tal (mit Finkenberg, Lanersbach und Hintertux), der Zemmgrund, in den wiederum Zamser Grund, Floitengrund und Stillupgrund münden, der Zillergrund mit einigen kleinen Nebentälern, und das Gerlostal, das von Mayrhofen zum Gerlospaß emporzieht, mit seinen südlichen Nebentälern Schwarzachgrund, Wimmertal, Schönachtal und Wildgerlostal. Dazu kommen zur Abrundung einige an das Zillertal angrenzende Gebiete, die für Gäste des Tales interessante Ausflugsziele darstellen könnten: das Gebiet von Schwaz und Kellerjoch, das Alpbachtal mit Reith und Alpbach, den obersten Pinzgau sowie das innerste Schmirn- und Valser Tal, die als östliche Nebentäler des Wipptals bis gegen die Dreitausender des Tuxer Hauptkammes heranführen.
Seit Menschengedenken erfreut sich das Bergwandern einer großen und immer noch zunehmenden Beliebtheit, über alle modischen Extravaganzen hinweg, denen der sportbegeisterte Zivilisationsmensch nachjagt, um nicht der grauen und sinnlosen Leere des modernen Lebens anheimzufallen. Das Wandern ist geruhsam, wirkt ausgleichend und ist ziemlich risikoarm. Natürlich hat das Hochgebirge seine Tücken, die aber bei einigermaßen besonnener Tourenplanung in Schach gehalten werden können. Allerdings hat sich das Leistungsdenken über die zahllosen Wandernadeln und ähnlichen Abzeichen auch in diese harmlose Freizeitbeschäftigung geschlichen. Der Gast muß in Trab gehalten werden, und wenn er schon nicht drachenfliegen oder paragleiten oder sommerskilaufen will, so soll er wenigstens eine gewisse vorgeschriebene Zahl von Wanderungen vorweisen können, damit ihm am Ende des Urlaubs eine zivile Auszeichnung für tadelloses Verhalten an die geschwellte Wandererbrust geheftet werden kann. An und für sich kann und soll jeder gehen, wo und wie es ihm gefällt, unter Respektierung der Landschaft – die Schonung wahrhaftig nötig hat – und der schon erwähnten Gefahren des Hochgebirges. Dieses Büchlein soll eine Anregung dazu sein; es wurde versucht, ein möglichst breites Spektrum an Wanderungen darzustellen, sowohl geographisch gestreut als auch was die Anforderungen betrifft, die an den Wanderer gestellt werden. Es gibt also Tal- und Mittelgebirgswanderungen, Hüttenanstiege und Gipfelbesteigungen. Alle beschriebenen Touren können an einem Tag ausgeführt werden. Der Benützer wird dann selbst seine Vorlieben entdecken und ausbauen und vielleicht zu ausführlicheren Führerwerken greifen.

Innsbruck, im Frühjahr 1999 Walter Klier

Inhaltsverzeichnis

Abkürzungen

bew.	=	bewirtschaftet
bez.	=	bezeichnet
ganzj.	=	ganzjährig geöffnet
Ghf.	=	Gasthof
Ghs.	=	Gasthaus
km	=	Kilometer
m	=	Meter
Min.	=	Minuten
P	=	Parkplatz
Pkw	=	Personenkraftwagen
Std.	=	Stunde(n)
vgl.	=	vergleiche
Whs.	=	Wirtshaus

Touristische Hinweise

Gebrauch des Führers

Innerhalb eines Tourenvorschlags findet man wichtige Informationen zunächst in Form eines Steckbriefs. Es folgt eine eingehende Würdigung, sodann eine kurze Beschreibung des entsprechenden Weges. Ergänzt wird der Text durch ein farbiges Wanderkärtchen mit eingezeichneter Route und ein Farbbild. Wichtiger Bestandteil des Führers ist das Stichwortverzeichnis am Schluß, in dem alle behandelten Berggruppe, Talorte, Ausgangspunkte, Stützpunkte und Tourenziele angeführt sind. Schließlich informiert eine Übersichtskarte über die Lage der behandelten Tourengebiete.

Anforderungen

Alle in diesem Führer beschriebenen Wege sind leicht und können mit festen Schuhen ohne vorbereitendes Training begangen werden. Trittsicherheit und Schwindelfreiheit sind jedoch manchmal erforderlich. Um die jeweiligen Anforderungen besser einschätzen zu können, wurden die Nummern der Tourenvorschläge mit verschiedenen Farben markiert. Diese erklären sich wie folgt:

BLAU

Diese Wege sind gut und lückenlos markiert, ausreichend breit und nur mäßig steil, daher auch bei Schlechtwetter relativ gefahrlos zu begehen. Sie können auch von Kindern und älteren Leuten ohne große Gefahr begangen werden.

ROT

Diese Steige sind ausreichend markiert, überwiegend aber schmal und über kurze Abschnitte bereits etwas ausgesetzt. Kurze Strecken dieser Steige können bereits mit Drahtseil abgesichert sein und sollten daher nur von trittsicheren, mit entsprechender Ausrüstung ausgestatteten Bergwanderern begangen werden.

SCHWARZ

Diese Steige sind ebenfalls ausreichend markiert, aber schmal und über weite Abschnitte steil angelegt. Stellenweise können sie sehr ausgesetzt sein, manchmal wird die Zuhilfenahme der Hände notwendig. Dies bedeutet, daß diese Wege nur von trittsicheren, konditionsstarken und alpin erfahrenen Wanderern angegangen werden sollten.

Gefahren

Obwohl sämtliche hier angeführten Wanderungen gabahnten Wegen oder Straßen folgen, ist an einzelnen abrutschbereiten Stellen, bei Querung steiler Hänge oder im steinschlaggefährdeten Gelände Vorsicht am Platze.

Ausrüstung
Feste Schuhe mit Profilgummisohle, Kniebundhose sowie Rucksack mit Pullover, Regenschutz, Anorak und kleinerem Tourenproviant (Wasserflasche) sind Voraussetzung.

Karten
Die den einzelnen Wandervorschlägen beigegebenen farbigen Karten mit Routeneintragungen sind ein wesentlicher Bestandteil des Führers. Zur Ergänzung empfiehlt sich die Mitnahme der Freytag&Berndt-Wanderkarten 151 „Zillertal – Tuxer Voralpen – Jenbach – Schwaz“ und 152 „Mayrhofen – Zillertaler Alpen – Gerlos – Krimml“ (beide Maßstab 1: 50 000).

Gehzeiten
Zeitangaben sind zwar reichlich bemessen, enthalten jedoch nur die reine Gehzeit ohne Pausen. Es werden Anstiegs- und Abstiegszeit vermerkt. Bei Rundwanderungen oder längeren Touren sind auch Zeiten für einzelne Etappen aufgeführt.

Schutzhütten, Gaststätten, Restaurants
Im Abschnitt „Einkehrmöglichkeiten“ findet man alle an einer Wanderroute gelegenen, zur Sommerzeit geöffneten Stützpunkte. Der Großteil ist bis Ende September bewirtschaftet, jedoch schwanken die Schließungstermine stark je nach Wetterlage – man erkundige sich also besser im Tal. Bei Gastwirtschaften an oder in der Nähe von Lift-Bergstationen stimmen die Bewirtschaftungszeiten häufig mit den Betriebszeiten der jeweiligen Bergbahn überein.

Künstliche Aufstiegshilfen
Von Stützpunkten, die mit Seil- oder Sesselbahn erreichbar sind, werden einige Wanderungen im Abstieg beschrieben. Man beachte, daß diese Anlagen oft nur während der Sommermonate Juli, August und September in Betrieb sind. In der übrigen Zeit können solche Tourenziele bzw. Ausgangspunkte nur zu Fuß erreicht werden.

Öffentliche Verkehrsmittel
Für Gäste, die etwas längere Zeit die Wandermöglichkeiten des Tales kennenlernen möchten, ohne dabei das eigene Fahrzeug verwenden zu müssen, bietet sich die Möglichkeit, mit einem 6-Tage-Ticket alle Autobusse der Zillertaler Verkehrsbetriebe und Bundesbusse, die Züge der Zillertalbahn sowie alle Zillertaler Seilbahnen zu benützen. Die Seilbahnen verkehren bei Bedarf durchgehend, mindestens aber stündlich (Vorsicht: meist Mittagspause). Für genaue Fahrzeiten, die sich immer wieder ändern, beachte man bitte den Faltprospekt, der im Zillertal überall aufliegt.

Sehenswürdigkeiten – Naturschönheiten

Im Inntal

Schwaz, 539 m; im 15. und 16. Jahrhundert war hier der größte Silberbergbau Europas. Aus dieser Zeit stammen die Bauten der sehenswerten Altstadt: Liebfrauenkirche (Marienkirche, 1502 vollendet), Franziskanerkirche mit Kloster (erbaut 1505 bis 1515) – schöner Kreuzgang, Friedhofskapelle St. Michael-St. Veit, Palais Tannenberg-Enzenberg, Rathaus, Fuggerwohnhaus, Orglerhaus, Spitalskirche, Augustinerkloster. Der Silberbergbau war von den Habsburgern an den deutschen Konzern der Fugger verpfändet. Das Schau-Silberbergwerk ist vom 1. 1. bis 15. 11. für Besucher geöffnet.

Freundsberg (Fruntsberg), 710 m, südl. über der Stadt Schwaz gelegenes altes Schloß; hier befindet sich das Schwazer Heimatmuseum (zwischen 14. 4. und 15. 10. tägliche Führungen außer Donnerstag).

Stift Fiecht, 770 m, Benediktinerabtei bei Vomp gegenüber von Schwaz am sonnigen Hang des Inntals, 1706 erbaut. Von hier gelangt man zur Wallfahrtskirche St. Georgenberg in wildromantischer Umgebung im Stallental.

Schloß Tratzberg, 631 m, mächtiger Schloßbau am nördl. Hang des Inntals zwischen Stans und Jenbach, erstmals um 1300, dann um 1500 in der heutigen Gestalt erbaut. Prächtige Interieurs, schöner Innenhof. Besichtigung Ostern bis Oktober, im Sommer täglich, sonst an Wochenenden (Führungen).

Jenbach, 562 m, Bahnknotenpunkt und Industrieort an der Mündung des Zillertals ins Inntal. Hier nehmen die beiden Schmalspurbahnen zum Achensee und ins Zillertal (bis Mayrhofen) ihren Ausgang.

Achensee, 929 m, der größte See Tirols, sehr schön in einer Talfurche zwischen Rofan und Karwendelgebirge gelegen. Von Jenbach oder Wiesing (Autobahnausfahrt Zillertal) auf Autostraßen, von Jenbach mit der Achenseebahn erreichbar. Auf dem See Ausflugsdampferverkehr.

Kropfsberg, Lichtwerth, Matzen, alte Burgen und Schlösser am südlichen Innufer zwischen der Zillermündung und Brixlegg. Das sehenswerte Matzen kann besichtigt werden; Hotelbetrieb.

Rattenberg, 521 m, malerisches Städtchen dicht am Inn; das mittelalterliche Stadtbild ist fast unversehrt.

Im Zillertal zwischen Strass und Mayrhofen

Fügen, 545 m, großes Dorf mit schöner spätgotischer Pfarrkirche (Mariä Himmelfahrt) und dem Schloß Fügen, einem Barockbau aus dem 17. Jahrhundert. Fahrstraßen führen zum Fügenberg und in den Finsinggrund zum Wintersportort Hochfügen. Am Eingang des Finsinggrunds die Ortschaft Pankrazberg mit dem außergewöhnlich schönen gotischen Kirchlein St. Pankraz, das abseits der Siedlung auf einem Hügel liegt. Die Umgebung der Kirche wurde zum Naturschutzgebiet erklärt (vergleiche auch Wanderung 4).

Zell am Ziller, 575 m, Hauptort des mittleren Tals; Dekanatskirche zum Hl. Vitus, 1772 – 1779 erbaut. Deckengemälde und Altarblätter von Fr. Anton Zeiller. Südlich über dem Ort das Wallfahrtskirchlein Maria Rast (siehe Wanderung 43).

Kirchlein St. Maria am Hartberg; vergleiche Wanderung 28.

Mayrhofen, 633 m, Hauptort des hinteren Zillertals; vergleiche Wanderung 10, 45.

Im Schmirntal

Kalte Herberge, Wallfahrtskirchlein bei Schmirn; von der Kirche in Schmirn 20 Min.; vergleiche Wanderung 17.

Schloß Lichtwerth bei Brixlegg gegen das Sonnwendgebirge.

Ausflugsziele

Hier folgen eine Aufstellung und kurze Beschreibungen der schönsten Ausflugsziele, die man bei einem Spaziergang oder ganz ohne Fußmarsch erreichen kann. Es handelt sich dabei um Aussichtspunkte, die einen informativen Überblick erlauben oder die die großen Berge in ihrer Schönheit besonders eindrucksvoll zeigen. Oft stehen Berggasthäuser an diesen Aussichtsplätzen, und man kann dann den Rundblick in aller Gemütlichkeit bei einer Tasse Kaffee oder einem Bier genießen.

Maria Brettfall, Wallfahrtskirchlein auf steiler Klippe über Strass, westlich über dem Eingang des Zillertals. Gastwirtschaft in der ehemaligen Einsiedelei. Auf Waldweg von Strass ½ Std. Oder von Rotholz am Weg zum Schlitterberg (siehe Wanderung 1).

Schlitterer Wasserfall, in der Schlucht des Öxlbachs westlich über dem Ort; 20 Minuten aus dem Dorf.

Fügenberg, 677 m; mehrere Gasthäuser, und Jausenstation Baumannwies; Fahrstraße von Fügen, Abzweigung am nördl. Ortsende.

Die Zillertaler Höhenstraße, eine eindrucksvolle Höhenstraße (Maut) am westlichen Talhang, mit Auffahrten von Uderns, Ried, Kaltenbach, Aschau, Zellberg und Hippach. Sie ist zum großen Teil einspurig mit Ausweichstellen, etwas „Bergerfahrung“ ist empfehlenswert. An der Straße befinden sich zahlreiche Gaststätten und Jausenstationen, schöne Blicke über das Zillertal.

Oberhaus, 750 m, *Seehüter,* 840 m, zwei Jausenstationen am Kupfnerberg über Uderns im Zillertal, auf Fahrstraße von dort erreichbar.

Schönblick, 798 m, Berggasthof am Riedberg über Ried im Zillertal; Fahrstraße von Ried.

Kaltenbacher Skihütte, 1723 m, Ausflugsgasthof an der Zillertaler Höhenstraße; siehe Wanderung 5.

Schwendberg, 1130 m, Bergbauerndorf an steilen Hängen, am Südende der Höhenstraße; Gaststätten.

Kasern, 1620 m, Ausflugsgasthof (nur Sommerwirtschaft) im hintersten Schmirntal, am Ende der Autostraße.

Der Schlitterer Wasserfall in der Öxlbachschlucht.

Steckholzer, 1591 m, Gasthof am Padauner Sattel, südlich über dem vorderen Valser Tal gelegen; Zufahrt auf der schmalen Fahrstraße von St. Jodok aus.

Touristenrast, 1345 m, uriges Gasthaus im hintersten Valser Tal; siehe Wanderung 18.

Gletscherblick, Astegg, 1176 m, am Sonnenhang über Finkenberg gelegene Gasthöfe; Fahrstraße von Finkenberg; vergleiche Wanderung 9. Von Mayrhofen am Mariensteig nach Astegg, 1½ Std.

Madseit, 1402 m, schön gelegener Weiler im hinteren Tuxer Tal. Wanderung zur Grieralm, 1787 m, Almwirtschaft, 1 Std.

Jochberg, 777 m, südlich über Finkenberg am schluchtartigen Eingang ins Zemmtal; Gasthof; Zufahrt von Finkenberg oder Mayrhofen (alte Straße nach Ginzling).

Roßhag, Gasthof im Zemmgrund am Dornauberger Ufer zwischen Ginzling und Breitlahner. Zugang von der Straße über den Bach.

Dominikushütte, 1805 m, etwas über dem Schlegeis-Speichersee anstelle der alten Alpenvereinshütte erbaut. Zugang in wenigen Minuten vom Parkplatz am See (vergleiche Wanderung 20).

Maxhütte, 1449 m, Gastwirtschaft in der Gunggl, einem kleinen Seitental des Zemmgrunds; 1 Std. von Ginzling.

Kerschbaumer Sattel, 1111 m, Übergang von Reith im Alpbachtal nach Bruck im Zillertal; schmale, aber gut ausgebaute Straße; einige Gasthöfe; vergleiche Wanderungen 27, 28.

Harter Wasserfall, vom Weiler Haselbach bei Hart 20 Minuten; siehe auch Wanderung 28.

Kleinstummerberg, Distelberg, kleine Bergbauernsiedlungen am östlichen Talhang über Aschau. Zufahrt von Stumm bzw. Aschau.

Grindlalm, 1150 m, *Enzianhof,* 1230 m, Gasthöfe an der Bergstraße Gerlosberg – Rohrberg. Zufahrt von Zell am Ziller (Abzweigung am Anfang der Gerlosstraße südlich des Ortes); vergleiche auch Wanderung 31.

Krimmler Wasserfälle, die höchsten Wasserfälle Österreichs, 380 m hoch, an der Gerlos-Paßstraße (Maut) bei Krimml. Aussichtsterrasse an der Straße; 30 Minuten zu den Fällen; Gasthof Schönangerl, 1306 m; vergleiche Wanderung 35.

Klaushof, 1022 m, Gasthof im Zillergrund, an der Mautstraße von Mayrhofen.

Häusling, 1056 m, Gasthof und Kirchlein im Zillergrund, jetzt durch Turbinenhaus des Zillergrund-Kraftwerks ergänzt. Wanderung zur Bodenalm, 1670 m, 1½–2 Std., im einzigartig schönen Bodengrund.

Zillergrund, Alpenrose, Wiesenhof, Berggasthöfe südlich von Mayrhofen. Gasthaus Zillergrund an der Straße in den Zillergrund; Alpenrose und Wiesenhof auf schönen Wanderwegen von Mayrhofen, 2 Std. bzw. 1 Std. vom Ort.

Gasthof Lacknerbrunn, an der Straße in den Stilluppgrund (vergleiche Wanderung 47). Mautstraße, Busverbindung von Mayrhofen.

Die Gefrorene-Wand-Spitzen von Norden.

1 Larchkopf, 1375 m

Lauschige Waldwege über Inn- und Zillertal

Rotholz – Raffl – Larchkopf – Schlitterberg – Maria Brettfall – Rotholz

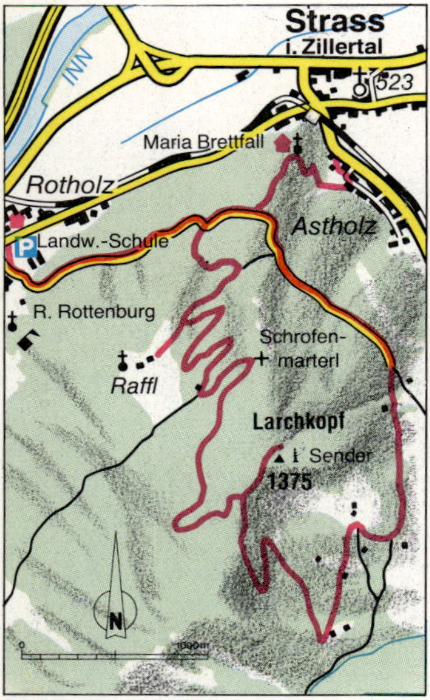

Talort: Rotholz, 528 m, kleine Ortschaft gegenüber von Jenbach am südlichen Innufer. Erste Station der Zillertalbahn. Landwirtschaftsschule und Zuchtanstalt.
Ausgangspunkt: Rotholz oder Strass im Zillertal. Das Befahren der Straße zum Schlitterberg ist nur Anrainern gestattet.
Parkmöglichkeit: Beim Gasthof Esterhammer (schöner, traditionsreicher Gasthof) in Rotholz.
Gehzeiten: Rotholz – Raffl 1 Std., Raffl – Larchkopf 1¼ Std., Abstieg bis Maria Brettfall 1 Std., Brettfall – Rotholz ½ Std.
Anforderungen: Durchwegs breite, gut markierte und beschilderte Wald- und Fahrwege.
Höchster Punkt: Larchkopf, 1375 m.
Einkehrmöglichkeiten: Ghf. Esterhammer in Rotholz; Jausenstation bei Maria Brettfall.
Sehenswertes: Wallfahrtskirchlein Maria Brettfall, auf steiler Felsklippe westlich über dem Ausgang des Zillertals. Der Ursprung der Kirche liegt in der Bergbauzeit des frühen Mittelalters. In der heutigen Form stammt sie aus dem Jahr 1729. Die alte Einsiedelei ist jetzt eine kleine Gaststätte. Aussichtsplattform.

Wäre nicht die Hochspannungsleitung, die die Waldschulter des Larchkopfs überquert, und dröhnte nicht von ferne leis der Transitverkehr von der Inntalautobahn, man könnte sich auf der kleinen, versteckten Wiesenfläche des Weilers Raffl über Rotholz ins letzte Jahrhundert zurückversetzt fühlen. Zwei Höfe in der traditionellen Holzbauweise und eine Kapelle, eine Gehstunde vom Talboden des Inntals entfernt.

Anstieg zum Larchkopf: Zwar führt ein schlecht markierter Steig von Rotholz über die „Notburga-Fichte" direkt zu den Rafflhöfen hinauf, bequemer aber folgen wir dem Fahrweg in Richtung Schlitterberg etwa 20 Minuten, bis ein markierter Weg „Steinerne Stiege" nach rechts durch den Wald hinaufführt zum Fahrweg, auf dem man kurz westwärts hinaus zum Weiler Raffl gelangt. Der Weg zum Larchkopf führt schon vorher als Forstweg in Kehren empor zum sog. Schrofenmarterl. Von hier auf dem mit 6 bezeichneten Waldweg auf die Waldschulter etwas südlich vom eigentlichen Larchkopf. Der bewaldete höchste Punkt ist auf einem unbezeichneten Steig erreichbar.

Abstieg: Nach Osten auf Forstweg (Bez. 6) oder auf dem mit 5 bez. Abschneider zu den Höfen von Schlitterberg. Auf dem schmalen asphaltierten Sträßchen nach Norden hinaus. Das Kirchlein Maria Brettfall erreicht man von der Straße absteigend in wenigen Minuten (Wegweiser). Von hier kann man auch nach Strass absteigen und im Inntal durch die Lindenallee nach Rotholz zurückgelangen. Oder von Brettfall wieder kurz zum Sträßchen ansteigen und direkt nach Rotholz zurück.

Bauernhof oberhalb des Dorfes Rotholz.

2 Gallzein

Beschauliche Mittelgebirgswanderung im Inntal

Hochgallzein – Kogelmoos – Proxenalm – Pirchneraste – Hof – Hochgallzein

Talort: Schwaz, 545 m, mit sehenswerter Altstadt aus der Zeit, als hier der größte Silberbergbau Europas blühte. Zahlreiche Sehenswürdigkeiten: Liebfrauenkirche, Franziskanerkirche mit Kloster und Kreuzgang, Spitalskirche, Augustinerkloster, Friedhofskapelle St. Michael-St. Veit, Palais Tannenberg-Enzenberg, Rathaus, Fuggerhaus, Schau-Silberbergwerk.
Ausgangspunkt: Gallzein, 893 m, weit verstreute Gemeinde auf dem Mittelgebirge östlich über Schwaz; von dort auf Fahrstraße zu erreichen, oder von Buch bei Jenbach.
Parkmöglichkeit: In Hochgallzein.

Gehzeiten: Hochgallzein – Kogelmoos 1½ Std., Kogelmoos – Proxenalm 1½ Std.; Abstieg über Pirchneraste und Weiler Hof zurück nach Hochgallzein 2 Std.
Anforderungen: Bequeme Wege.
Höchster Punkt: Proxenalm, 1663 m.
Einkehrmöglichkeiten: Kogelmoos, Pirchneraste, Ghs. Gredler in Hof.
Sehenswertes: Das ganze Gebiet von Gallzein war im Mittelalter Bergbaugebiet; von der „Schwader" oberhalb des Ortes wurde bis ins 19. Jahrhundert Eisenerz in das Jenbacher Hüttenwerk geliefert. Zeugnisse des Bergbaus finden sich allenthalben.

Gallzein mit Blick gegen das Rofangebirge.

Von Hochgallzein nach Kogelmoos: Der Vogelsangweg steigt südwestwärts zunächst über freie Wiesenhänge an, schwenkt dann in das Tal des Bucherbachs ein, überquert den Bach und führt nach Nordwesten hinaus zum Gasthaus Kogelmoos, 1117 m. Hierher gelangt man auch auf der Fahrstraße vom Weiler Hof.

Der Weg zur Proxenalm: Die im Tal des Proxenbachs nördlich unter dem Kellerjoch gelegene, nicht bewirtschaftete Alm erreicht man von Kogelmoos auf einem Forststräßchen über den Schwader Eisenstein (altes Bergwerkshaus) und die bewaldete Senke zwischen dem Mehrerkopf, 1666 m, und dem Proxenstand, 1896 m, einem Nordausläufer des Kellerjochs. Von den Waldlichtungen gibt es immer wieder schöne Ausblicke auf das Karwendelgebirge. Ausdauernde können von der Alm auf bez. Weg in etwa 1½ Std. das Kellerjoch ersteigen.

Rückweg nach Hochgallzein: Von der Alm der Bezeichnung 311 folgend über dem Bach hinaus zum Gasthaus Pirchneraste, 1250 m, mit sehr schöner Aussicht. Man steigt von hier noch kurz auf dem Weg Richtung Schwaz ab. Bei der ersten Kehre rechts ab und stets fallend nach Nordosten hinüber zu den Wiesen von Gallzein, zuletzt auf dem Fahrweg Hof – Kogelmoos zum Weiler Hof und auf der Straße zurück nach Hochgallzein.

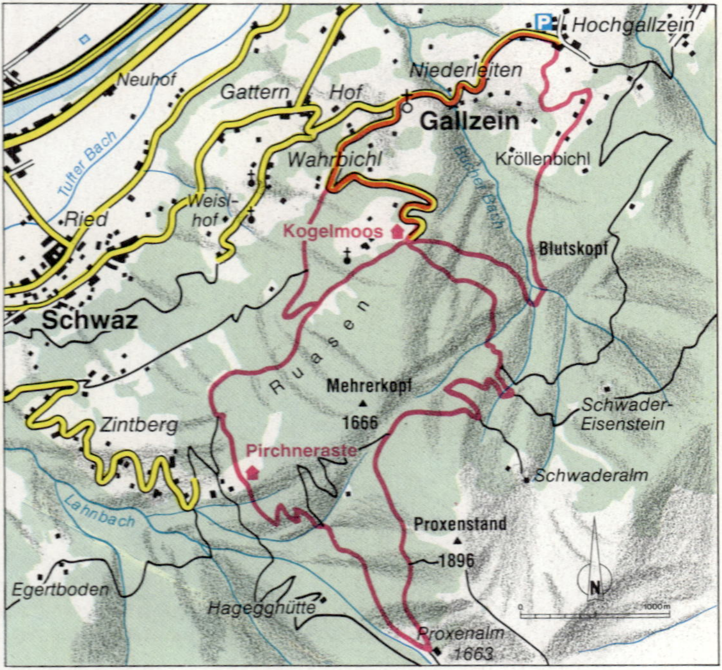

3 Kellerjoch, 2344 m

Aussichtsberg zwischen Nördlichen Kalkalpen und Zentralalpen

Spieljoch – Gartalm-Hochleger – Kellerjochhaus – Kellerjochgipfel (Kreuzjoch) – Kellerjochhaus – Geolsalm – Spieljochbahn-Mittelstation

Talort: Fügen, 544 m, mit schöner spätgotischer Pfarrkirche (Mariä Himmelfahrt) und dem Schloß Fügen, einem Barockbau aus dem 17. Jahrhundert.
Ausgangspunkt: Die Spieljochbahn-Bergstation, 1860 m. Die Talstation befindet sich an der Straße von Fügen nach Hochfügen am südwestlichen Ortsende von Fügen.
Parkmöglichkeit: An der Seilbahn-Talstation.
Gehzeiten: Gesamt etwa 4 Std. Aufstieg zum Kellerjoch 2½ Std., Abstieg 2 Std.
Anforderungen: Leicht; gut bezeichnete Wege und Steige, am letzten Stück zum Kreuzjoch ein wenig ausgesetzt.

Höchste Punkte: Kellerjochhaus, 2237 m, Kreuzjoch, 2344 m.
Einkehrmöglichkeiten: Spieljoch, Gartalm-Hochleger, Kellerjochhaus, Geolsalm.
Sehenswertes: Schöner Rundblick auf Karwendel, Tuxer Voralpen, Zillertaler und Kitzbüheler Alpen.

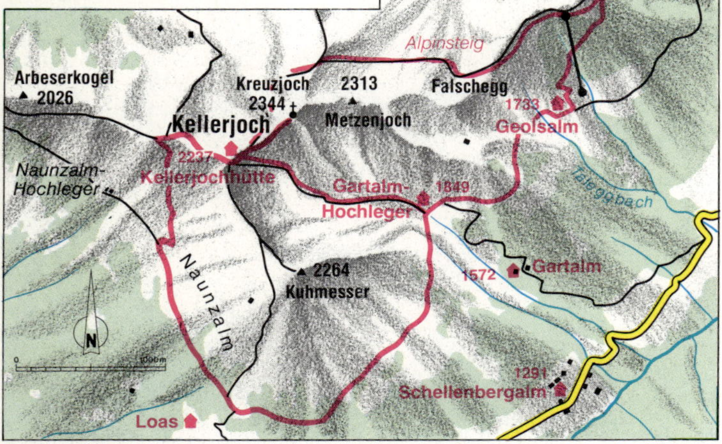

Das Kellerjoch ist ein zu allen Jahreszeiten gern besuchter, altberühmter Aussichtsberg; der Gipfel liegt trotz der eher bescheidenen Meereshöhe immerhin 1800 m über dem Wasserspiegel des Inn. Der Tiefblick in das breite,

Kellerjoch von Süden, ganz rechts der Gipfel.

dicht bevölkerte Inntal, über dem auf der anderen Seite die kahlen Grate und Kare des Karwendel aufragen, wirkt zunächst am meisten anziehend; noch eindrucksvoller ist aber das Gipfelmeer der Hohen Tauern, der Zillertaler und Stubaier Alpen, das sich im weiten Halbkreis im Süden erstreckt.

Aufstieg vom Spieljoch: Von der Bergstation wandern wir nach Süden kurz zum Gipfel des Spieljochs. Leicht absteigend nach Süden zur Geolsalm (Jausenstation) und weiter nach Westen auf dem Fußweg (oder, etwas länger, auf dem Fahrweg) zum Gartalm-Hochleger. Hierher gelangt man auch vom Spieljoch auf dürftigem, aber gut bezeichnetem Steig höher oben am Hang. Durch das weite, teils mit Latschen durchsetzte Kar steigen wir zur Kellerjochhütte an, wo sich der Blick auf das Inntal öffnet. Der Steig zum höchsten Punkt (mit kleiner Holzkapelle) ist unschwierig, wenn auch etwas ausgesetzt.

Abstieg: Für Trittsichere führt ein bezeichneter Steig vom Kellerjochhaus durch die felsige Nordflanke des Kellerjochs zurück auf den Nordostrücken und zur Spieljoch-Bergstation („Alpinsteig"). Oder von der Hütte ostwärts hinab zum Gartalm-Hochleger und auf dem Aufstiegsweg zurück zur Spieljochbahn.

4 Sankt Pankraz, 666 m

Gotisches Kleinod über dem weiten Tal

Ried – Uderns – Finsing – St. Pankraz – Kupfnerberg – Riedberg – Ried

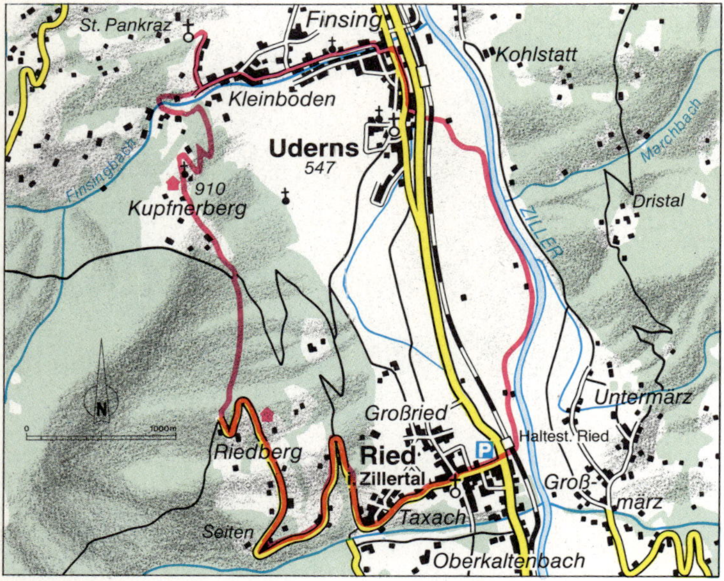

Talort: Ried im Zillertal, 573 m, westlich der Hauptstraße; die Pfarrkirche im Spätrokokostil wurde 1778 erbaut. Ausgangspunkt für die Zillertaler Höhenstraße.
Ausgangspunkt: Haltestelle Ried der Zillertalbahn, an der Hauptstraße.
Parkmöglichkeit: Bei der Bahn-Haltestelle.
Gehzeiten: Jeweils 1–1½ Std. für den Hin- und Rückweg von Ried nach St. Pankraz.
Anforderungen: Breite Talwege.
Höchste Punkte: St. Pankraz, 666 m, Kupfnerberg (Oberhaus), 910 m.

Einkehrmöglichkeiten: Zahlreiche Gaststätten in den Ortschaften, bei der Kirche St. Pankraz; am Kupfnerberg und Riedberg Jausenstationen.
Sehenswertes: Die Wallfahrtskirche St. Pankraz, gotische Fresken, Renaissancealtäre und die Kopfreliquie des Hl. Pankratius, eines der drei Eisheiligen – mit ihr vertrieb man bis Ende des 18. Jahrhunderts im Dekanat Fügen die Mäuse, „exorzierte lebendige und leblose Dinge und segnete alles“. Die Kirche wurde in letzter Zeit restauriert und die Umgebung zum Naturschutzgebiet erklärt.

Von Ried nach St. Pankraz: Bei der Haltestelle über die Schmalspurbahn und auf dem mit 8 bezeichneten Weg stets in der Nähe des Zillerflusses durch das flache Wiesenland nordwärts nach Uderns, 547 m. Man überquert Bahn und neue Umfahrungsstraße. Zum Finsingbach, der die Ortsteile Uderns und Finsing trennt. Nun entweder südlich oder nördlich des Baches nach Westen, wo der Bach aus der schluchtartigen Mündung des Finsinggrunds in das breite Zillertal heraustritt (Ortsteil Kleinboden). Vom Gasthaus Steiner auf dem Fußweg über den Hügel hinauf zum Kirchlein St. Pankraz.

Rückweg über Kupfnerberg und Riedberg: Zurück hinunter zum Bach; man überquert ihn und folgt jenseits dem Weg Nr. 5 südwärts empor zur kleinen Bergbauernsiedlung Kupfnerberg. Am Oberrand der Wiesen die Jausenstationen Oberhaus und Seehüter. Den Riedberg, eine Streusiedlung auf den steilen Hängen über Ried, erreicht man auf dem Fahrweg vom Kupfnerberg. Weiter folgt man dem Sträßchen (Auffahrt zur Zillertaler Höhenstraße; z.T. Abschneider möglich) über die Wiesenhänge hinunter nach Ried. Man kann auch schon kurz hinter dem Kupfnerberg auf dem Fahrweg zum Talboden absteigen.

Das Kirchlein von St. Pankraz von Norden gesehen.

5 Gedrechter, 2217 m

Im Reich der Zirben und Alpenrosen

Kaltenbacher Skihütte – Neuhüttenalm – Hochalm – Gedrechter – Mizunalm – Skihütte

Talort: Ried (vgl. Wanderung 4), Kaltenbach, 558 m, oder Aschau, 568 m. Von allen drei Ortschaften (oder, weniger günstig, von Hippach) ist die Zufahrt über die Zillertaler Höhenstraße möglich. Einspurige Straße mit Ausweichstellen!
Ausgangspunkt: Kaltenbacher Skihütte, 1723 m, an der Zillertaler Höhenstraße, in der Nähe die Bergstation des Lifts von Kaltenbach; Skigebiet Hoch-Zillertal. Kleinbusverkehr von Kaltenbach. Lift im Sommer außer Betrieb.
Parkmöglichkeit: Großer Parkplatz zwischen Skihütte und Bergstation.
Gehzeiten: Skihütte – Gedrechter 1½ Std., Abstieg über Mizunalm 1 Std.
Anforderungen: Leichte, lohnende Wanderung, Wege z.T. neu angelegt und bei nassem Wetter extrem lehmig.
Höchster Punkt: Gedrechter, 2217 m.
Einkehrmöglichkeiten: Skihütte, Zirmstadl, Jausenstation Hochalm, Hochzillertal.
Sehenswertes: Besonders im Frühsommer herrliche Alpenflora.

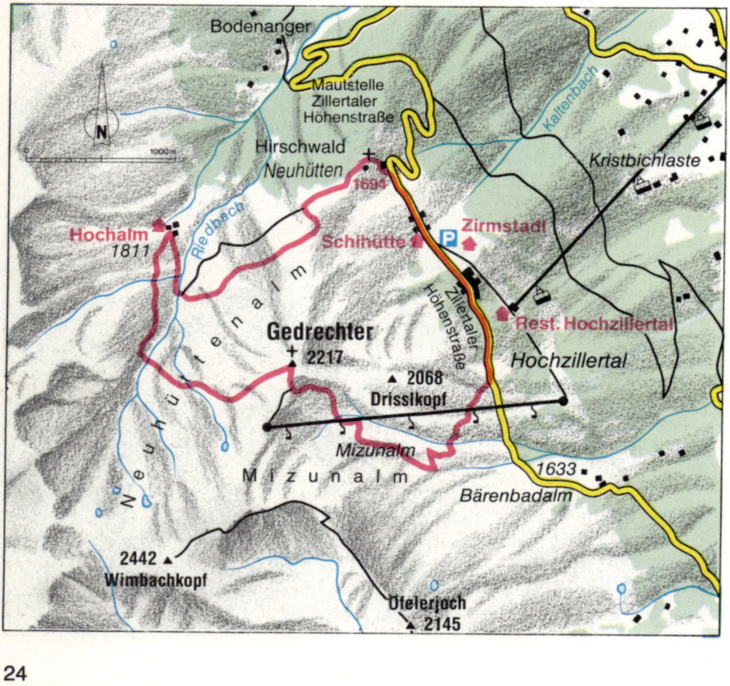

Aufstieg zum Gedrechten: Von der Skihütte gehen wir kurz auf der Straße nach Norden bis zur Neuhüttenalm, 1694 m, wo nach links der Weg Nr. 11 zur Hochalm abzweigt. An der Waldgrenze gelangen wir nördlich um den Rücken des Gedrechten zur einsam in einem Hochtal gelegenen Alm, 1811m. Von hier südwärts talein und auf dem teilweise kaum sichtbaren Steig von Westen über die freien Hänge auf den Gipfel des Gedrechten (mit Gipfelkreuz). Von hier hat man eine schöne Aussicht auf die mittleren Zillertaler (Ahorn- und Floitenkamm).

Frühsommerwiese im Anstieg zum Gedrechten, Blick nach Süden.

Abstieg: Entweder direkt nach Nordosten auf bez. Steig (Alpengarten) zurück zur Skihütte; oder vom Gipfel wieder kurz südwärts hinunter und über Skigelände nach Südosten absteigen zur malerischen alten Mizunalm, 1870 m. Von hier dem Fahrweg folgend kurz zur Zillertaler Höhenstraße und auf ihr nach Norden zurück zur Liftstation und zur Skihütte.
Wer noch genug Zeit und Schwung hat, kann auf Waldwegen über den Emberg nach Aschau oder Kaltenbach absteigen.

6 Marchkopf, 2499 m

Über den Almen des hintersten Finsinggrunds

Hochfügen – Viertelalm – Kraxentrager – Marchkopf – Holzalm – Hochfügen

Blick aus dem Finsinggrund gegen den Holzalm-Hochleger.

Talort: Fügen, 544 m, größter Ort im vorderen Zillertal, vgl. Wanderung 3.
Ausgangspunkt: Hochfügen, 1474 m, Wintersportort, Hotelsiedlung im Finsinggrund, von Fügen auf guter, neuerdings fast durchweg zweispuriger Straße über den Pankrazberg erreichbar. Mehrere Hotels und Lifte. Im Sommer ziemlich ausgestorben.
Parkmöglichkeit: Großer Parkplatz in Hochfügen.
Gehzeiten: Aufstieg zum Marchkopf 3 Std., Abstieg 2 Std.
Anforderungen: Überwiegend bezeichnete Alm- und Bergsteige, im Gipfelbereich weglos, aber unschwierig.
Höchste Punkte: Kraxentrager, 2423 m, „Gipfel", 2445 m, Marchkopf, 2499 m.
Einkehrmöglichkeiten: Nur in Hochfügen, wenn hier etwas geöffnet hat.
Sehenswertes: Die Zirbenwälder und weiten Almen des hinteren Finsinggrundes.

Wenn auch Hochfügen, wie alle reinen Wintersportorte, im Sommer einen etwas verlassenen Eindruck macht, so ist doch der restliche Finsinggrund ein eindrucksvolles Hochtal mit großartiger Gebirgskulisse, weiten Almen und Zirbenwäldern – mit einem Wort, ein ideales Wandergebiet.

Aufstieg zum Marchkopf: Vom großen Parkplatz in Hochfügen auf dem breiten Talweg in Richtung Sidanjoch einwärts bis zum Pfundsalm-Niederleger. Kurz darauf überqueren wir den Finsingbach und steigen am östlichen Talhang zum Viertelalm-Nieder- und Hochleger, 2022 m, an. Hier befinden wir uns schon ein Stück über der Waldgrenze. Wir halten uns weiter südostwärts in Richtung auf den Kamm. Der Steig wird zusehends dürftiger. Auf der Kammhöhe wenden wir uns links und gewinnen über die leichten Erhebungen des Kraxentrager, des „Gipfels“ und der Seewand den blockübersäten Marchkopf.

Abstieg: Wem das ganz weglose Gelände nicht behagt, der wählt den Aufstiegsweg für die Rückkehr. Für etwas geübte Geher bietet der Nordgrat des Marchkopfs keine Schwierigkeiten. Über ihn auf den Gipfel des Hüttenkogels. Dann nordwestwärts hinunter zur Holzalm und auf dem Almweg zurück nach Hochfügen.

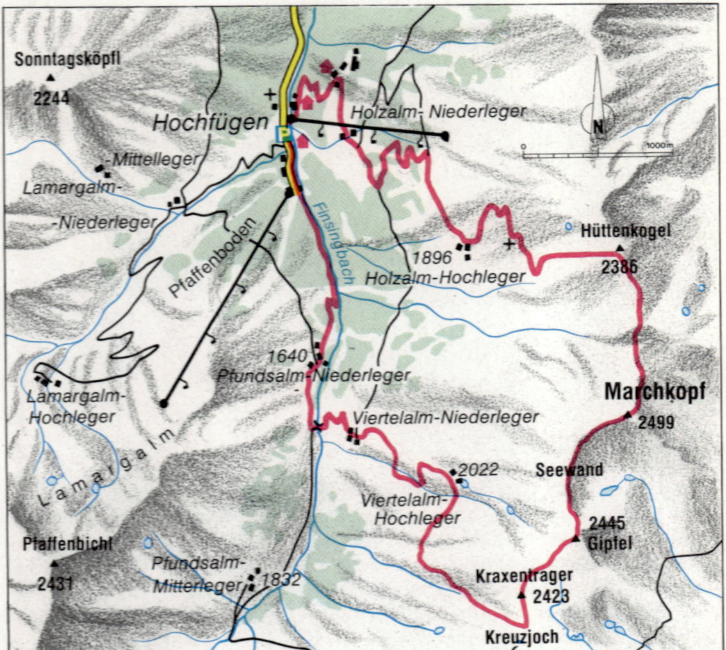

7 Zellberg, 852 m

Sonnige Wege über Zell am Ziller

Zell – Klöpflstaudach – Whs. Schöne Aussicht – Reischbach – Unterasten – Guggelberg – Wimbachboden – Zell

Talort: Zell am Ziller, 575 m, große Ortschaft an der Einmündung des Gerlostals in das Zillertal. Sitz der ältesten Bierbrauerei Tirols; das weithin berühmte Gauderfest ist nicht zuletzt wegen des Zeller „Gauderbocks", der speziell für diese Gelegenheit gebraut wird, das renommierteste Tiroler Volksfest (am ersten Sonntag im Mai). Rühriger Fremdenverkehrsort; Skigebiet Rosenjoch.
Ausgangspunkt: Zellbergeben, Ortsteil der Gemeinde Zellberg, gegenüber von Zell am westlichen Zillerufer.
Parkmöglichkeit: In der Nähe der Zillerbrücke.
Gehzeiten: 3–3½ Std. für die ganze Rundtour, aufgrund des dichten Wegenetzes beliebig zu verkürzen.
Anforderungen: Schöne bezeichnete Wanderwege.
Höchster Punkt: Unterasten, 1310 m.
Einkehrmöglichkeiten: Gasthäuser Klöpflstaudach, Schöne Aussicht, Wimbachboden.
Sehenswertes: Schöne alte Bauernhäuser am Zellberg.

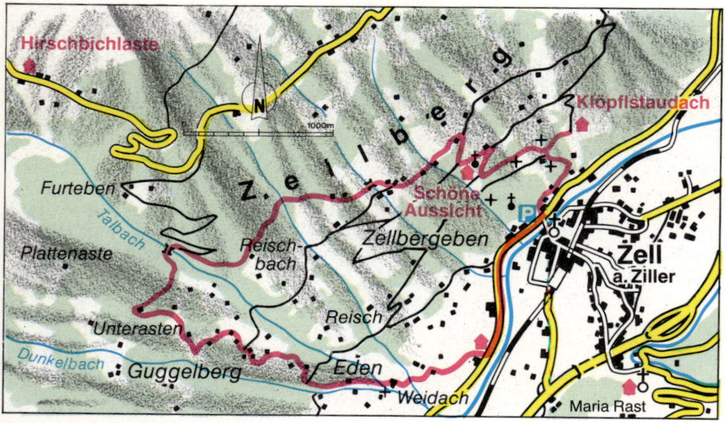

Den Sonnenhang über Zell, den Zellberg, überzieht ein dichtes Netz aus Fahr- und Fußwegen, die die einzelnen Bauernhöfe und Häusergruppen untereinander verbinden sowie durch den Waldgürtel in die Almregion führen, wo die Zillertaler Höhenstraße an der Waldgrenze verläuft. Die hier vorgeschlagene Wanderung hält sich an die Zone der bäuerlichen Dauersiedlung. Die Höfe sind zumeist durch Fahrwege, teils aber auch durch Materialseilbahnen erschlossen; die Wiesen sind zum Teil von bemerkenswerter

Blick von Hippach nach Norden gegen Zell und Zellberg.

Steilheit. Die landwirtschaftliche Arbeit ist dementsprechend mühselig, eine Tatsache, die dem Wanderer in den zahlreichen Bergbauernorten des Zillertals immer wieder ins Auge sticht.

Die Rundtour: Von Zellbergeben rechtshaltend hinauf nach Klöpflstaudach (Weg Nr. 5), danach auf dem Weg Nr. 6 wieder talein zum Whs. Schöne Aussicht. Von der Kapelle ansteigend zu den Höfen von Reischbach und ins kleine Talbachtal. Jenseits kurz hinauf nach Unterasten. (Von hier ist ein Anstieg zur Bigneidalm und zur Höhenstraße möglich.) Abstieg über die Wiesen des Guggelbergs nach Wimbachboden und zurück nach Zellbergeben und Zell.
Die ganze Gegend ist von einem dichten Wegenetz überzogen, man kann also die vorgeschlagene Route beliebig variieren, wie aus der Kartenskizze ersichtlich.

8 Roßkopf, 2576 m

Blockgipfel im Herzen der Tuxer Voralpen

Atlas-Sportalm – Rastkogelhütte – Sidanjoch – Roßkopf und zurück

Talort: Hippach, 608 m, am westlichen Talhang gelegenes Dorf, südlicher Endpunkt der Zillertaler Höhenstraße. Von der alten gotischen Kirche ist nur der Turm erhalten.
Ausgangspunkt: Atlas-Sportalm, 1730 m, große Gaststätte im Sidantal unterhalb der Höhenstraßen-Mautstelle gelegen; Skigebiet.
Parkmöglichkeit: Bei dèr Atlas-Sportalm.
Gehzeiten: Im Aufstieg 3 Std., Abstieg 2 Std.
Anforderungen: Bezeichnete Wege und Steige, zuletzt Steigspur.
Höchste Punkte: Sidanjoch, 2127 m, Roßkopf, 2576 m.
Einkehrmöglichkeiten: Atlas-Sportalm, Rastkogelhütte.
Sehenswertes: Schöne Aussicht über die Tuxer Voralpen bis ins Karwendel und gegen die Ahornspitze.

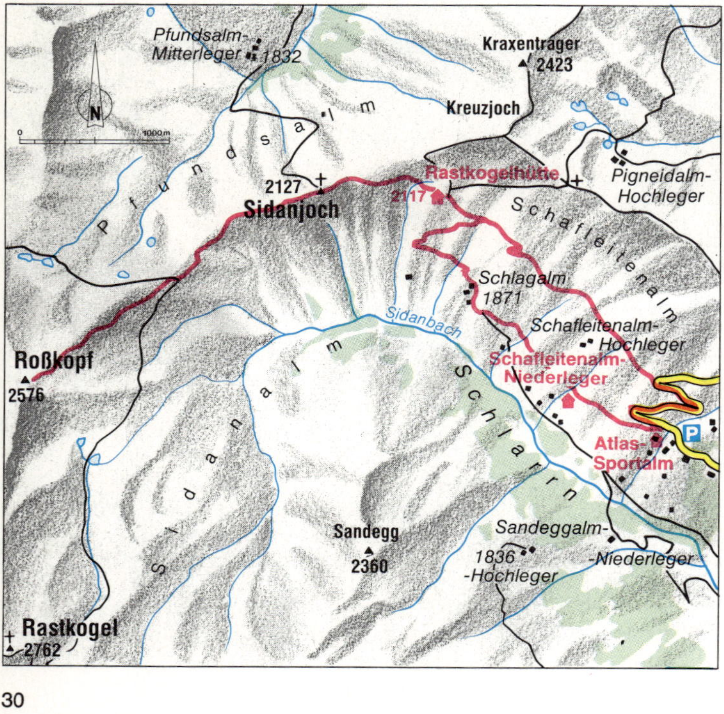

Das Gebiet um Roßkopf und Rastkogel, im Winter ein beliebtes Tourengebiet, ist im Sommer und Herbst ein lohnendes, leicht erreichbares Wandergebiet: über die Zillertaler Höhenstraße und von Mayrhofen mit der Penkenbahn (vgl. Wanderungen 9 und 10).

Almsiedlung an der Zillertaler Höhenstraße.

Aufstieg zum Roßkopf: Von der Sportalm auf dem breiten Weg kurz talein zum Schafleitenalm-Niederleger, 1659 m (Gastwirtschaft) und weiter zur Sidanalm, 1871 m. Hier über den Sonnenhang in einigen Kehren zur Rastkogelhütte empor, 2117 m.
Hierher auch auf anderem Weg: Von der Sportalm zwei Kehren die Straße entlang, dann auf dem Weg Nr. 16 über die Schafleitenalm zur Rastkogelhütte.
Zunächst leicht ansteigend hinüber zum Sidanjoch, 2127 m. Man folgt dem Kamm bis zur ersten Graterhebung. An dieser geht es östlich vorbei in die nächste Gratsenke, wo sich der Weg verzweigt. Der Weitwanderweg 302 A führt von hier südwärts in etwa 1 Std. zum Rastkogel. Nach Westen kann man nach Innerst im Weertal absteigen. Wir folgen jedoch dem Kamm weiter in südwestlicher Richtung und gelangen direkt zum Gipfel des Roßkopfs.

Der Abstieg erfolgt auf gleichem Weg.

9 Penken, 2095 m

Am Wiesenberg über Mayrhofen

Astegg – Gschößwand – Gschößberg – Penken – Penkenhaus – Astegg

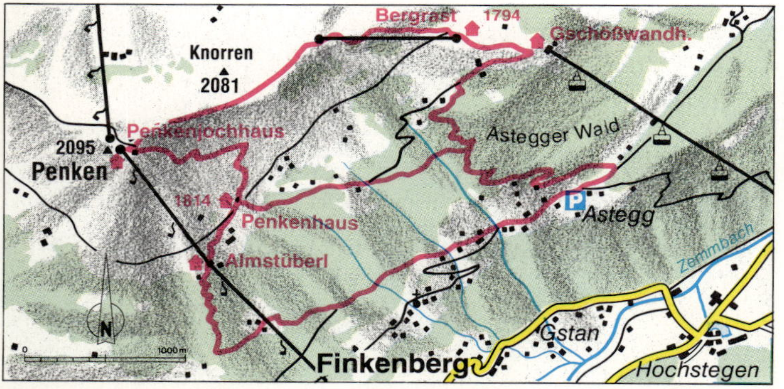

Talort: Finkenberg, 839 m, schön gelegenes Bauern- und Feriendorf westlich über dem Talkessel von Mayrhofen im vorderen Tuxer Tal. Eine der letzten erhaltenen Brücken in Holzbautechnik ist die Teufelsbrücke, die hier den Tuxer Bach überspannt (1876 erbaut). Finkenberger Almbahnen auf den Penken.

Ausgangspunkt: Astegg, 1176 m, Weiler auf weiter Wiesenterrasse in außergewöhnlich schöner Lage über Mayrhofen. Nach Nordosten führt das Astegger Tal, ein abgeschiedenes Wiesental, gegen das Zillertal bei Burgstall hinab. Zufahrt von Finkenberg auf schmaler, aber gut ausgebauter Straße (das Hinweisschild ist nur sichtbar, wenn man von Mayrhofen kommt), vorbei am Ghs. Gletscherblick, zum Ghf. Astegg.

Parkmöglichkeit: Beim Ghf. Astegg.

Gehzeiten: 3 Std. für den Anstieg zum Penken, 1½ Std. für den Abstieg.

Anforderungen: Bequeme, gut bezeichnete Wege und Steige.

Höchste Punkte: Gschößberg, 1933 m, Penken, 2095 m.

Einkehrmöglichkeiten: Astegg, Gschößwand, Bergrast, Penkenjochhaus, Penkenhaus.

Sehenswertes: Schöne Aussicht auf die zentralen Zillertaler; die Bergbauernhäuser von Astegg.

Diese Wanderung ist besonders im Herbst empfehlenswert, wenn man um sonnige Südhänge froh ist und die Seilbahnen, die sonst den Aufstieg bis auf 2000 m überflüssig machen, eingestellt sind und demgemäß auch die Menge der Wanderer abgenommen hat.

Der Aufstieg zum Penken: Vom Gasthaus Astegg gehen wir ein Stück über die schöne Wiesenfläche in Richtung auf das Astegger Tal. Wo es sich gegen Nordosten zu senken beginnt, auf dem Weg Nr. 2 über die Wiesen;

dann durch den Astegger Wald links der Felsabbrüche der Gschößwand ansteigen. An der Waldgrenze rechts hinüber und zur Bergstation der Penkenbahn und zum Ghs. Gschößwand. Nun stets westwärts dem begrünten Kamm folgend vorbei am Ghs. Bergrast, 1794 m, zum Gschößberg, 1933 m, und nur mehr wenig ansteigend hinüber zum Penken, 2095 m, mit dem Penkenjochhaus und der Bergstation der Finkenberger Almbahn. Dieser Abschnitt wird als Finkenberger Zirbenweg bezeichnet.

Abstieg: Auf dem Weg Nr. 22A nach Südosten hinunter zum Penkenhaus, 1814 m; von hier wieder nach Osten leicht fallend hinüber zum Aufstiegsweg. Oder: In der Nähe der Almbahn-Trasse absteigen bis zu den Häusern von Holzeben. Von hier fast eben hinaus nach Astegg.
Wem der beschriebene Weg zu kurz ist, der kann die Wanderung über die Alm- und Forstwege weiter talein in Richtung Lanersbach ausdehnen.

Kapelle am Weg von Finkenberg nach Astegg.

10 Rastkogel, 2762 m

Kammwanderung zum Hauptgipfel der östlichen Tuxer Berge

Gschößwand – Penken – Wanglalm – Wanglspitze – Hoarberger Joch – Rastkogel und zurück

Talort: Mayrhofen, 633 m, Hauptort des hinteren Zillertals, liegt weit verstreut im Talkessel, von dem die Gründe und das Tuxer Tal ins Herz der Zillertaler Alpen führen. Endstation der Zillertalbahn, Postautobahnhof für die Linien in die hinteren Täler. Moderner Fremdenverkehrsort; Penkenbahn und Ahornbahn. Den Kessel von Mayrhofen rahmen Dristner, Grinbergspitze und Ahornspitze ein.

Ausgangspunkt: Gschößwand, 1762 m, Bergstation der Penkenbahn, die aus der Ortsmitte weit über das Tal emporführt.
Parkmöglichkeit: An der Talstation.
Gehzeiten: Aufstieg zum Rastkogel 3½–4 Std., für den Abstieg 2–2½ Std.
Anforderungen: Gut bezeichnete Wege und Steige, einige Ausdauer erforderlich.
Höchste Punkte: Penken, 2095 m, Wanglspitze, 2420 m, Hoarberger Joch, 2590 m, Rastkogel, 2762 m.
Einkehrmöglichkeiten: Gschößwand, Bergrast, Penkenjochhaus.
Sehenswertes: Der Rastkogel ist der höchste Gipfel der östlichen Tuxer Voralpen; einzigartige Rundsicht.

Diese Kammwanderung über dem vorderen Tuxer Tal im Angesicht der Gletscherwelt der Zillertaler zählt zu den aussichtsreichsten und beliebtesten Touren des Gebiets, nicht zuletzt weil man mit der Penkenbahn zunächst einen Höhenunterschied von 1100 m mühelos überwindet.

Blick durch das Tuxer Tal zum Rastkogel, vorn Hintertux.

Aufstieg zum Rastkogel: Wie in der Wanderung 9 geht es zuerst von der Gschößwand über die Bergrast auf den Gschößberg und zum Penken mit dem Penkenjochhaus. Der bezeichnete Weg folgt weiter dem grünen Kamm ein wenig absteigend zum Penkenjoch und zur Wanglalm, 2128 m. (Von hier ist ein Abstieg nach Lanersbach möglich.) Hinauf zum Kreuz auf der Wanglspitze, 2420 m, und über die weiten Almmatten zum Hoarberger Joch, 2590 m. Von hier über grobes Blockwerk in etwa 20 Minuten auf den Gipfel des Rastkogels (Kreuz).

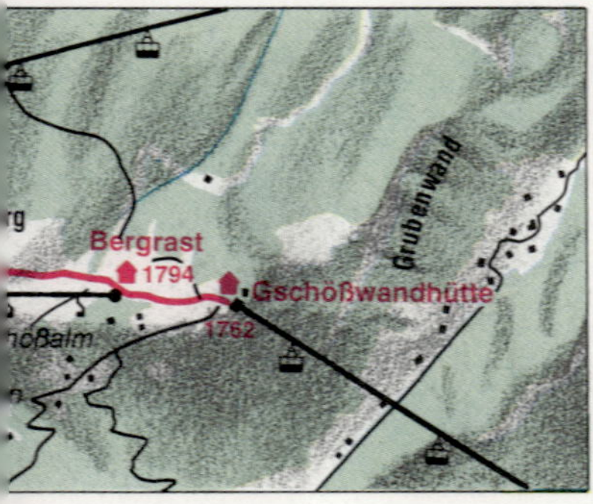

Der Abstieg erfolgt am besten über den Aufstiegsweg.

11 Halslspitze, 2574 m

Über Almen und Jöcher im Geiseltal

Geislerhof – Geiselalm – Geiseljoch – Halslspitze – Nurpensjoch – Geiselalm – Geislerhof

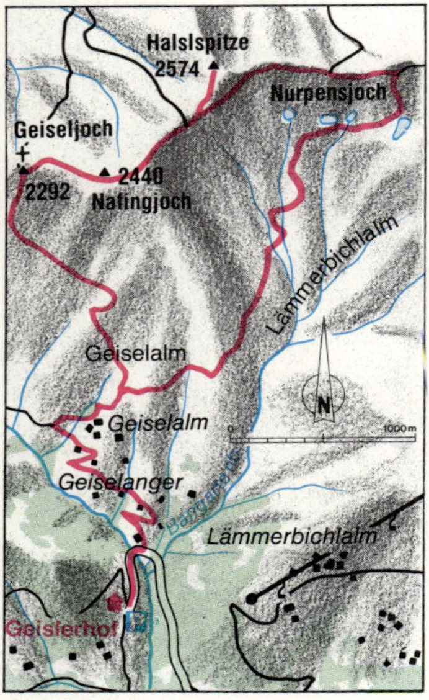

Talort: Vorderlanersbach, 1257 m, Sitz der Gemeinde und Pfarre Tux an der Mündung des Tortals in das Tuxer Tal. Lebendiger Fremdenverkehrsort. Bis 1976 wurde auf der Schrofenalm über Vorderlanersbach Magnesit abgebaut und mit einer 8,5 km langen Materialseilbahn ins Tal befördert.
Ausgangspunkt: Geislerhof, 1620 m, Gasthof und hochgelegene Landwirtschaft am Beginn des Geiseltals. Zufahrt auf schmaler, asphaltierter Straße von Vorderlanersbach über Schöneben gestattet.
Parkmöglichkeit: Am Ghf. Geisler kleiner Parkplatz.
Gehzeiten: Aufstieg zur Halslspitze 3 Std., Abstieg etwa 2 Std.
Anforderungen: Bezeichnete Wege und Steige. Der Anstieg vom Geiseljoch zur Halslspitze ist weglos, unschwierig.
Einkehrmöglichkeit: Nur der Geislerhof am Ausgangspunkt.
Höchste Punkte: Geiseljoch, 2292 m, Halslspitze, 2574 m, Nurpensjoch, 2520 m.
Sehenswertes: Die hochalpine Landwirtschaft um die Geislerhöfe, besonders zur Zeit der Heuernte.

Aufstieg zum Geiseljoch: Von dem idyllisch und versteckt in einem hinteren Winkel des Tuxer Tals gelegenen Geislerhof geht man zunächst auf dem Zufahrtsweg zurück bis über den Bach und zur ersten Kehre. Hier auf dem mit 315 bezeichneten Weg nordwärts, den Güterweg abschneidend, über die steilen Bergmähder des Geiselangers hinauf zur Geiselalm, die schon über der Waldgrenze liegt. Kurz über der Alm verzweigen sich die Wege. Wir wählen den linken zum Aufstieg und gelangen in einer guten Stunde auf das Geiseljoch, 2292 m, einen alten Übergang vom Tuxer Tal nach Weerberg und Weer im Inntal. Übergang über die Halslspitze: Über den freien Kamm weglos zuerst nach Osten; beim Nafingjoch biegt der Kamm nach Nordost und bald stößt man auf den Weg Nr. 318, der von der Weidener Hütte zum Rastkogel führt. Er umgeht die Halslspitze an der Südseite. Man steigt also kurz weglos zum Gipfel an und geht dann auf dem genannten Weg hinüber in das Nurpensjoch, ca. 2520 m, wo sich der Weg abermals verzweigt.

Abstieg: Rechts ab (weiterhin Nr. 318) und an einigen hübschen Seen vorbei über die Böden der Lämmerbichlalm hinunter zur Geiselalm, wo man auf den Aufstiegsweg trifft. Auf ihm zurück zum Geislerhof, wo man es sich in der Gastwirtschaft nun schmecken lassen kann.
Wer den markierten Weg nicht gern verläßt, wählt den östlichen Weg über das Nurpensjoch für Auf- und Abstieg.

Alm im Geislertal, gegen Süden.

12 Grüblspitze, 2395 m, und Ramsjoch, ca. 2510 m

Rundtour über Torseen und Nasse-Tux-Alm

Eggalm – Grüblspitze – Zilljöchl – Ramsjoch – Torseen – Nasse-Tux-Alm – Gemais – Lanersbach

Die Nasse-Tux-Alm.

Talort: Lanersbach, 1281 m, Fremdenverkehrs- und Bauerndorf etwas talein von Vorderlanersbach. Am Hang über dem Tal (Weiler Gemais) sehr schöne alte Bauernhöfe ganz aus Holz und mit von bunten Blumen überquellenden Balkonen.
Ausgangspunkt: Eggalm, 1948 m, Bergstation des Eggalmlifts, Gastwirtschaft. Die Talstation befindet sich am nordöstlichen Ortseingang (gut beschildert).
Parkmöglichkeit: Kleiner Parkplatz direkt an der Talstation, der größere befindet sich südlich der Hauptstraße etwas weiter im Dorf.
Gehzeiten: Rundtour 5–6 Std. Aufstieg zur Grüblspitze 1½ Std.; zum Ramsjoch 1 Std., Abstieg zur Nassen-Tux-Alm 1½ Std., zurück nach Lanersbach 2 Std.
Anforderungen: Gut bezeichnete Wege und Steige, im Anstieg zum Ramsjoch etwas abschüssig, im Abstieg im Frühsommer steile Schneefelder.
Höchste Punkte: Grüblspitze, 2395 m, Ramsjoch, ca. 2510 m, Torseen, 2250 m.
Einkehrmöglichkeiten: Nur am Anfangs- und Endpunkt der Wanderung.
Sehenswertes: Das Tal der Nassen Tux mit den wilden Kalkabstürzen von Torwand und Reisennock, darunter die Torseen inmitten weiter grüner Matten. Schöner Wasserfall im Abstieg zur Alm. Die Höfe von Gemais (denkmalgeschützt, aus dem 18. Jh.).
Vorsicht: Die hinterste Nasse Tux ist militärisches Übungsgebiet und kann unter Umständen gesperrt sein! Auskünfte in Lanersbach oder an der Bergbahn.

Aufstieg über die Grüblspitze zum Ramsjoch: Von der Eggalm auf dem markierten Weg über den breiten, runden, begrünten Rücken, zunächst in Kehren (Skiabfahrt), dann gerade hinauf zur Grüblspitze mit Gipfelkreuz. Schöner Blick in die Südabstürze von Kalkwand und Torwand sowie nach Süden auf den Grinbergkamm. Nun dem schmaleren Grat folgend kurz absteigen ins Zilljöchl und jenseits durch die sehr steile, etwas ausgesetzte Gras- und Schrofenflanke auf das Ramsjoch, 2510 m.

Durch die Nasse Tux zurück nach Lanersbach: Der Abstieg vom Ramsjoch nach Norden erfolgt über Blockwerk, Schotter und im Frühsommer auch durch Schnee und kann deshalb bei ungenügender Erfahrung und Ausrüstung problematisch sein. Man gelangt in den weiten, leeren Kessel der hinteren Nassen Tux mit den Torseen; im Westen der schroffe Absturz der Reisennock. Man geht links am See vorbei und trifft auf den Weg aus der Wattener Lizum. Rechts ab (Nr. 321), bei einem schönen Wasserfall durch die Steilstufe hinab auf die Böden der Nasse-Tux-Alm und zu dieser selbst, 1843 m. Von hier absteigen auf den Talboden zum Torbach und über diesen. Jenseits eben durch den Wald hinaus und immer den Wegweisern nach Lanersbach folgend zu den schönen alten Höfen von Gemais auf sonnigen Wiesenhängen über Lanersbach. Stets dem bezeichneten und beschilderten Weg folgend nach Südwesten absteigen zurück zur Talstation des Eggalmlifts.

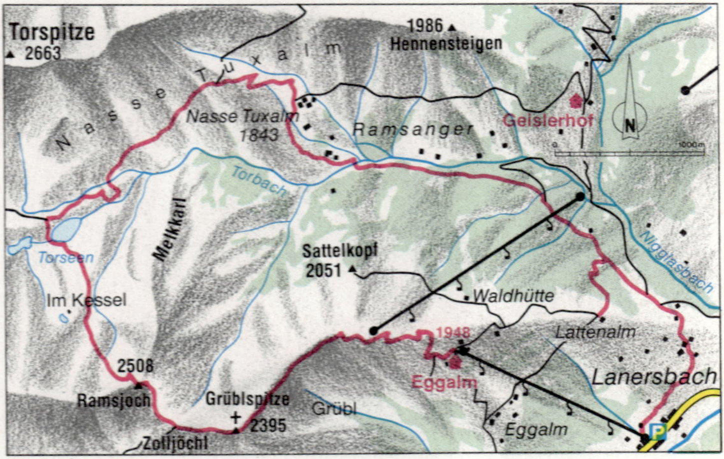

13 Tettensjoch, 2276 m

Almböden unter den Grinbergspitzen

Lanersbach – Höllensteinhütte – Kreuzjoch – Am Flach – Tettensjoch – Lanersbach

Talort: Lanersbach, 1281 m, siehe Wanderung 12.
Ausgangspunkt: Südliches Ortsende von Lanersbach.
Parkmöglichkeit: Im Ort.
Gehzeiten: Gesamte Zeit für die Rundtour 6–7 Std.
Anforderungen: Gute, bezeichnete Wege und Steige. Der direkte Abstieg durch den Wald nach Lanersbach ist sehr steil. Bequemer ist der Rückweg über den Aufstiegsweg.
Höchste Punkte: Am Flach, 2248 m, Tettensjoch, 2276 m.
Einkehrmöglichkeiten: Höllensteinhütte; Gaststätten in Lanersbach.
Sehenswertes: Die Nordwestabstürze von Grinbergspitzen, Nestspitze, Roßkopf, Realspitze, deren Kare und wilde Grate gegen das Tuxer Tal abfallen.

Wir verlassen nun allmählich die sanfteren Gefilde der Voralpen und nähern uns dem felsigen und vergletscherten Hochgebirge des Alpenhauptkamms. Der Reiz dieser Wanderung liegt in ihrer Nähe zu diesem, wobei man aber die Almregion niemals verläßt.

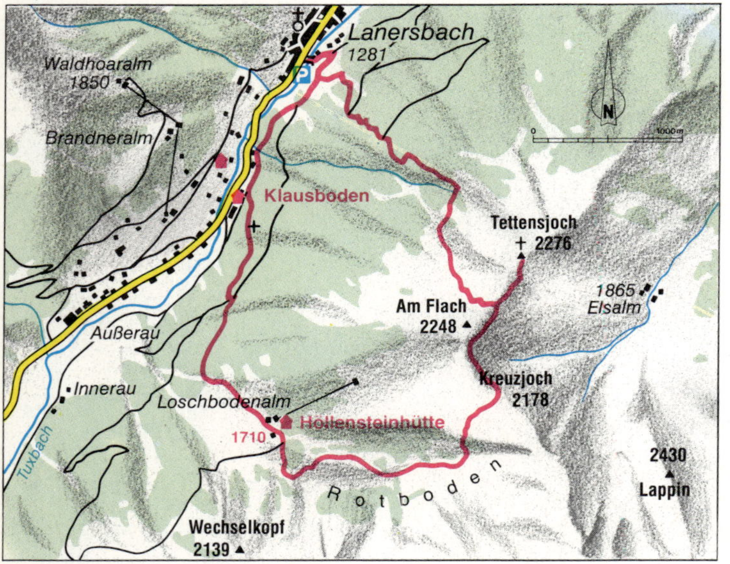

Traditioneller Bauernhof über Lanersbach.

Aufstieg zum Tettensjoch: Am südlichen Ortsrand von Lanersbach nach Süden über den Bach und in einer Kehre nach links ausholend auf dem Zufahrtsweg zur Höllensteinhütte stets südwärts haltend durch den Wald – meist im Schatten – bis auf die Böden der Loschbodenalm, wo die Höllensteinhütte zur Einkehr verlockt. Von der Hütte leicht ansteigend südwärts, dann biegt man nach Osten um und gelangt auf den Rötboden und durch schütteren Baumbestand auf die Almweiden, die sich gegen das Kreuzjoch hinziehen. Von diesem auf dem breiten Rücken kurz ansteigen zum Flach (Flachspitze), 2248 m, und hinüber zum nur wenig höheren Tettensjoch, 2276 m, mit Kreuz und schönem Tiefblick nach Mayrhofen.

Abstieg: Am bequemsten ist der Abstieg auf dem Aufstiegsweg. Eine andere Möglichkeit ist der direkte Abstieg nach Lanersbach. Der Steig, der am Anfang sehr steil und etwas schwierig zu begehen ist, zweigt auf halbem Weg zwischen Tettensjoch und Flach nach Norden ab und stößt unmittelbar vor Lanersbach auf den Aufstiegsweg.

14 Geier, 2857 m

Im geologischen Kuriositätenkabinett zwischen Navis und Tux

Juns – Junsalm – Junsjoch – Geier – zurück durch das Junstal

Talort: Lanersbach, 1281 m, siehe Wanderung 12.
Ausgangspunkt: Juns, 1340 m, Ortsteil von Tux, die nächste Ortschaft im Tuxer Tal an der Straße nach Lanersbach.
Parkmöglichkeit: An der Straße.
Gehzeiten: Juns – Junsjoch 3–3½ Std., Junsjoch – Geier 1½ Std., Rückweg nach Juns 2½ Std.
Anforderungen: Bis zu den Almen gute Wege, danach Steige und Steigspuren, z.T. undeutlich, durchgehend markiert. Ausdauer erforderlich.
Höchste Punkte: Junsjoch, 2484 m, Geier, 2857 m.
Einkehrmöglichkeiten: In Juns; Jausenstation Stoankasern (Junsalm-Hochleger).
Sehenswertes: Eigenartige Felsformationen der Tarntaler Berge. Höchste Erhebungen: Reckner, 2886 m, und Kalkwandspitze, 2868 m. In Juns kann man die alte Getreidemühle besichtigen (1839); im Sommer montags Vorführung.

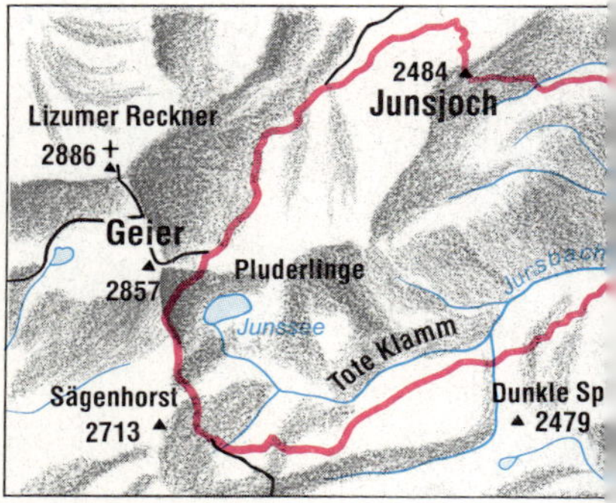

Achtung: Das Gebiet der Wattener Lizum, das man jenseits des Junsjochs kurz betritt, ist Truppenübungsplatz; gelegentlich finden hier Schießübungen statt. Wege nicht verlassen, Hinweise beachten!

Blick auf die Tarntaler Berge, dahinter das Karwendelgebirge.

Der Geier (auch Geierspitze) bildet das südliche Eck der sogenannten Tarntaler Berge, des Herzens der Tuxer Voralpen. Besonders die Berge nördlich des Geiers, der Lizumer und der Naviser Reckner, die Lizumer Sonnenspitze und die Tarntaler Köpfe, weisen einen äußerst komplizierten geologischen Aufbau auf – was sich in der Vielfalt der Felsformen und den

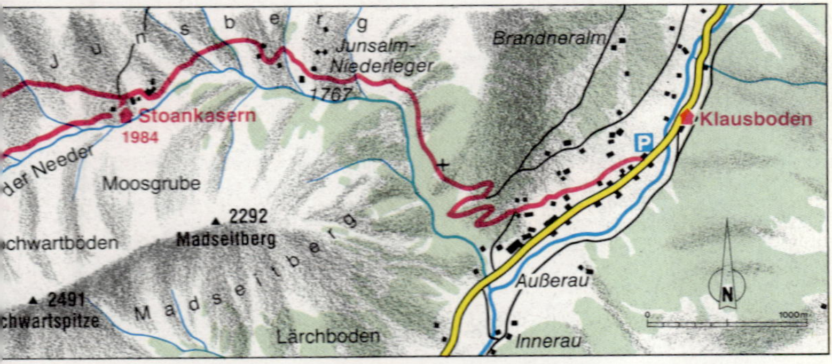

teils exotischen Färbungen bemerkbar macht – und sind für ihren Reichtum an Mineralien berühmt.
Gegen Nordosten zieht der Kalkkamm der Kalk- und Torwand, hier mitten im Urgestein der Zentralalpen ebenfalls eine Besonderheit. Nach Süden hingegen entsendet der Geier (auch im Winter ein bei Tourengehern beliebter Gipfel) einen schrofig-begrünten Urgesteinskamm gegen das Tuxer Joch.

Aufstieg zum Geier: Von Juns auf dem Fahrweg ins Junstal, immer nördlich des Bachs talein zum Junsalm-Niederleger. Weiter am Sonnenhang des Junsbergs hinauf zum Hochleger, 1984 m (Stoankasern). Hier dem Weg Nr. 322 halbrechts folgend steil hinauf in die Junsgrube und aufs Junsjoch, 2484 m. Jenseits steigt man etwa 150 Höhenmeter ab in Richtung der schon sichtbaren Wattener Lizum (Alm und Militärlager), bis man auf den bezeichneten Weg (Nr. 323) von dort zum Geier trifft. (Oder man quert auf unbezeichneten Steigspuren vom Joch eben südwestwärts.) Durch Schutt- und Blockhalden gegen Südwesten auf den breiten, abgeflachten Schuttberg, 2857 m.

Abstieg: Kurz auf dem Anstiegsweg ostwärts zurück, dann nach Süden abzweigen und auf dürftigem Steig nach Süden, am Junssee vorbei, in das oberste Junstal hinunter. Der Abstieg führt stets in der Nähe des Baches talaus, bis man beim Junsalm-Hochleger schließlich wieder auf den Aufstiegsweg trifft.

15 Tuxerjochhaus, 2310 m, Pfannköpfl, 2388 m

Prächtige Aussicht auf die Hintertuxer Gletscherwelt

Hintertux – Weitental – Tuxerjochhaus – Pfannköpfl – Sommerbergalm – Hintertux

Talort und Ausgangspunkt: Hintertux, 1493 m, einst ein weltabgeschiedenes winziges Bergbauerndörfchen, jetzt ein hochmoderner Fremdenverkehrsort. Die Hintertuxer Gletscherbahn führt in vier Sektionen bis auf 3200 m (an der Gefrorenen Wand). Früher war der Ort besonders als Sommerfrische wegen seines Thermalbads beliebt. Das radiumhaltige Wasser weist eine Temperatur von bis zu 20,5° C auf. Im 19. Jahrhundert kurierte man sich hier von „überflüssigen Fetten, verdorbener, übler Feuchtigkeit und krankem Geblüt, Schlafsucht, Ohrenklingen, trüben Augen und anfangender Blindheit, Zittern und Schwindel als Vorboten zum Schlage, Fraisen, Engbrüstigkeit und Husten, Lungensucht, schmerzhaftem und von Winden und Schleim angefülltem Magen, verstopfter Leber, Öffnung der Milz und Nieren sowie unordentlicher weiblicher Blödigkeit“ (nach: Pinzer, Tirol erleben, Schwaz – Achensee – Zillertal).

Parkmöglichkeit: An der Talstation der Gletscherbahn.

Gehzeiten: Zum Tuxerjochhaus 2½ Std., von dort auf das Pfannköpfl 10 Min., Abstieg nach Hintertux 1½ Std., bei Liftbenützung entsprechend kürzer.

Anforderungen: Gut bezeichnete Wege; für das Pfannköpfl ist Trittsicherheit erforderlich.

Höchste Punkte: Tuxerjochhaus, 2310 m, Pfannköpfl, 2388 m.

Einkehrmöglichkeiten: Tuxerjochhaus, Sommerbergalm.

Sehenswertes: Schleierfall; der Ausblick auf die Gletscherwelt des Tuxer Hauptkamms.

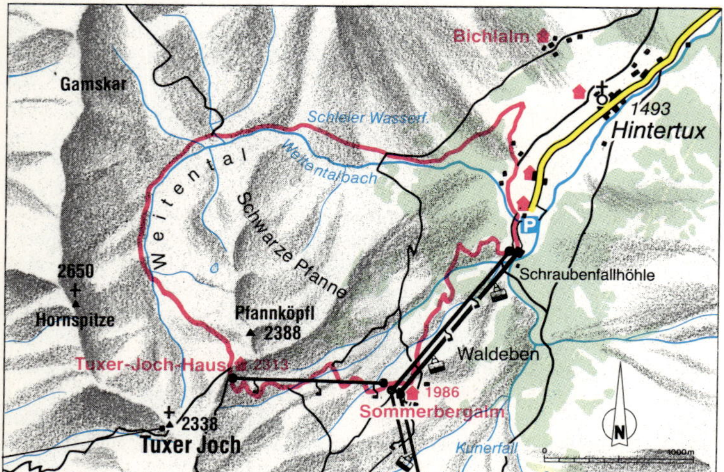

Lärmstange und Gefrorene-Wand-Spitzen vom Tuxer Joch.

Durchs Weitental zum Tuxerjochhaus: Vom Riesenparkplatz an der Talstation der Gletscherbahn hält man sich auf einem bezeichneten Wanderweg genau nordwärts über die Wiesen zum kleinen Weitentalbach, überquert ihn und steigt weiter über die Wiesen an, bis man auf den Weg 323 von Hintertux her trifft. Auf dem oberen Weg (323) nach links ins Weitental und zu dem eindrucksvollen Schleierfall. Nahe dem Wasserfall über die Steilstufe und in das obere Weitental, zuletzt einem Fahrweg folgend zum Tuxerjochhaus.

Auf das Pfannköpfl: Dies ist ein kleiner, felsiger Aussichtsgipfel kurz nördlich über dem Tuxerjochhaus. Seine Besteigung ist nicht schwierig, erfordert aber Trittsicherheit. Von hier genießen wir einen schönen Ausblick auf die Gletscher, die von Olperer, Gefrorener-Wand-Spitze und Hohem Riffler nach Norden gegen das Tuxer Tal ziehen.

Abstieg: Der Lift von der Sommerbergalm zum Tuxerjochhaus ist im Sommer nicht immer in Betrieb. Man steigt also zu Fuß dem Fahrweg folgend zur Alm ab und legt die letzte Wegstrecke per Seilbahn zurück; oder man steigt, ohne an der Sommerbergalm vorbeizukommen, direkt nach Hintertux ab. Auch von der Sommerbergalm selbst führen verschiedene Wege ins Tal.
Für Bequemere empfiehlt sich die Tour in umgekehrter Richtung, wobei der Höhenunterschied im Anstieg per Seilbahn und Lift überwunden wird.

16 Schöberspitzen, 2602 m, Steinernes Lamm, 2528 m

Aus dem Schmirntal gegen den Tuxer Hauptkamm

Toldern – Wildlahner – Ramsgrubensee – Schöberspitzen – Steinernes Lamm – Wildlahnertal – Toldern

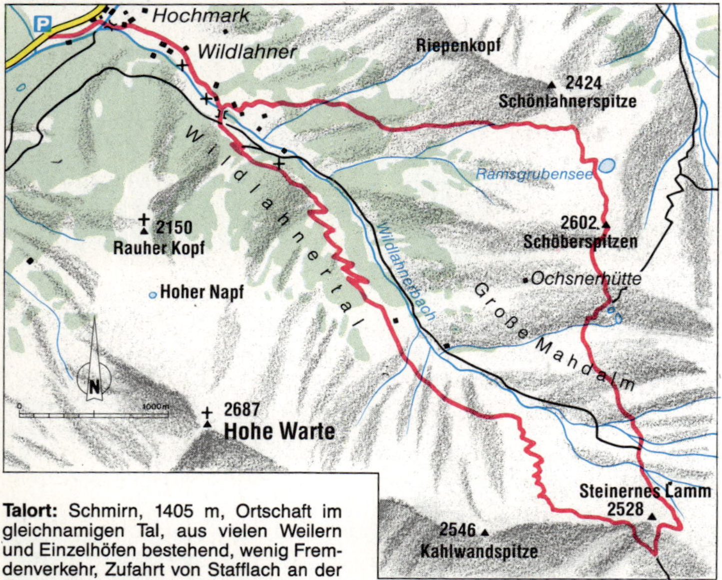

Talort: Schmirn, 1405 m, Ortschaft im gleichnamigen Tal, aus vielen Weilern und Einzelhöfen bestehend, wenig Fremdenverkehr, Zufahrt von Stafflach an der Brenner-Bundesstraße (5 km südlich von Steinach) über St. Jodok. Postauto von Steinach.

Ausgangspunkt: Toldern, 1480 m, Häusergruppe in der Talweitung an der Einmündung des Wildlahnertals, sehr schön gelegen mit Blick auf Fußstein und Olperer.

Parkmöglichkeit: An der Talstraße, wo der Fahrweg ins Wildlahnertal abzweigt (Fahrverbot).

Gehzeiten: Toldern – Schöberspitzen 3½—4 Std., zum Steinernen Lamm 1 Std., Rückweg nach Toldern 2 Std.

Anforderungen: Lange Wanderung; vom See bis in die Kleegrubenscharte weglos, im Aufstieg etwas mühsam, aber unschwierig; Aufstieg zur Südlichen Schöberspitze leichte Kletterei. Weiterweg bezeichnet.

Höchste Punkte: Schöberspitzen, 2602 m, Steinernes Lamm, 2528 m.

Einkehrmöglichkeiten: Keine.

Sehenswertes: Der wunderschön gelegene Ramsgrubensee; die Gletscher- und Felswildnis von Olperer, Kaserer und Fußstein; die Almen im Wildlahnertal.

Aufstieg zu den Schöberspitzen: Von Toldern auf dem breiten Fahrweg vorbei an den Höfen von Wildlahner ins Wildlahnertal. Kurz hinter den Höfen zweigt bei einem Wegekreuz der markierte Almsteig in die Ramsgrube ab. Auf ihm durch Wald und später über Bergmähder auf die weiten grünen Böden nördlich unter den Schöberspitzen und zum auffallend runden Ramsgrubensee. Der weitere Aufstieg erfolgt vom See über die grobe Blockhalde (Steigspuren, mühsam) in die Scharte zwischen den beiden von hier aus sehr schroff wirkenden Spitzen. Die nördliche kann aus der Scharte im Bogen nach Nordwesten unschwierig über einen steilen Grashang erstiegen werden. Die Besteigung der etwas niedrigeren südlichen Spitze erfordert leichte Kletterei (einige ausgesetzte Stellen). Man hält sich von der Scharte weg stets am Grat.

Weiterweg zum Steinernen Lamm: Aus der Scharte zwischen den Spitzen kurz nach Westen über die Wiesen absteigen und über das wellige Gelände (Steigspuren) nach Süden (links), bis man auf den Weg trifft, der von der Kleegrubenscharte zum Steinernen Lamm führt (Nr. 527). Man folgt ihm über dem hintersten Wildlahnertal nach Süden und steigt kurz hinauf zum Steinernen Lamm, 2528 m, dem Übergang ins Valser Tal.

Abstieg: Auf dem Wildlahnerweg (Nr. 525) hinunter ins Wildlahnertal und an einigen schön gelegenen Almen vorbei hinaus nach Toldern.

Die Schöberspitzen (Bildmitte) vor dem Tuxer Hauptkamm.

17 Rauher Kopf, 2150 m

Ein einsamer Winkel im mittleren Schmirntal

Schmirn – Zirma-Alm – Rauher Kopf – Kalte Herberge – Schmirn

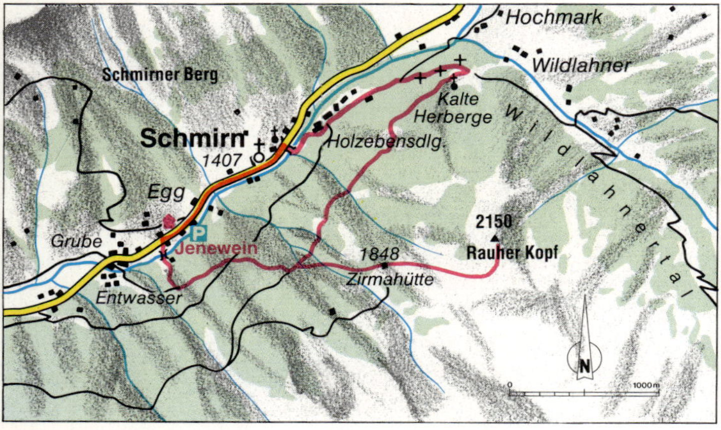

Talort: Schmirn, 1405 m, siehe Wanderung 16.
Ausgangspunkt: Ortsteil Egg, beim Gasthaus Jenewein.
Parkmöglichkeit: Beim Gasthaus.
Gehzeiten: Schmirn – Rauher Kopf 2 Std., Rückweg über die Kalte Herberge 2 Std.
Anforderungen: Gute, nur teilweise markierte Wald- und Almwege.
Höchster Punkt: Rauher Kopf, 2150 m.
Einkehrmöglichkeit: Nur in Schmirn.
Sehenswertes: Das Wallfahrtskirchlein zur „Kalten Herberge", 1572 m; vom Ort führt ein Kreuzweg dorthin, den man auf der vorgeschlagenen Route in umgekehrter Richtung begeht. Das sehr schön auf einer kleinen Waldlichtung gelegene Kirchlein wurde von Leuten aus Schmirn unter der Leitung von Franz Riedl 1773 erbaut, zu einer Zeit, als Kaiser Josef II mit wechselndem Erfolg versuchte, das Gedankengut der Aufklärung bei seinen Untertanen durchzusetzen. Besonders im strenggläubigen Tirol war der Widerstand massiv, und die Kirche schürte ihn natürlich. 1773 wurde der Jesuitenorden aufgehoben. – Dieser Kirchenbau (wie einige andere in Tirol) erfolgte als eine Art Protestaktion gegen die staatliche Einflußnahme auf religiöse Angelegenheiten. Dies ist bis heute das einzige Gebiet, auf dem die Tiroler sich von niemandem etwas sagen lassen.

Wie wenige andere Tiroler Täler ist das Schmirntal von der rasanten Entwicklung des modernen Tourismus weitgehend unberührt geblieben, vor allem wegen dem Mangel an geeigneten Skigebieten. Diese Wanderung im mittleren Teil des Tals läßt interessante Einblicke in das Leben im Gebirge zu.

Aufstieg zum Rauhen Kopf: Man verläßt die Talstraße im Ortsteil Egg knapp westlich vom Gasthaus Jenewein nach Süden. Man überquert den Bach und steigt am jenseitigen Hang dem mit Nr. 9 bezeichneten Weg folgend an, zweigt von diesem aber bald nach links ab und gelangt, weiter auf bezeichnetem Waldweg, zur Zirma-Alm, 1848 m, einer kleinen Almhütte am Waldrand, von der aus der auffällige kleine, dem eigentlichen Kamm vorgelagerte Rauhe Kopf schon sichtbar ist. Auf undeutlichen Steigspuren über das freie Gelände in die Scharte südlich des Rauhen Kopfs und kurz auf diesen (mit Kreuz).

Abstieg über die Kalte Herberge: Am Anstiegsweg zurück, bis man auf den ersten quer zum Hang verlaufenden Forstweg trifft. Diesem folgt man nach rechts und gelangt schließlich unmittelbar zum Wallfahrtskirchlein Kalte Herberge, 1572 m, auf schöner Waldlichtung mit Blick gegen die zentralen Tuxer Berge. Von hier folgt man am Fahrweg den Kreuzwegstationen zurück zum Dorf Schmirn, das man bei der Kirche erreicht. Kurz der Talstraße entlang auswärts nach Egg.

Das Kirchlein zur Kalten Herberge bei Schmirn.

18 Geraer Hütte, 2326 m

Ein Amphitheater aus Fels und Eis

Touristenrast – Geraer Hütte und zurück

Talort: Vals, 1280 m, weit verstreute Ortschaft im gleichnamigen Tal, das bei St. Jodok (vgl. Wanderung 16) vom Schmirntal abzweigt. Die teils holprige, teils neu und breit ausgebaute Talstraße endet beim Ghs. Touristenrast.
Ausgangspunkt: Touristenrast, einfache, urige Gastwirtschaft, Postauto-Endhaltestelle, 1345 m.
Parkmöglichkeit: Beim Ghs. Touristenrast.
Gehzeiten: Aufstieg zur Geraer Hütte 3 Std., Abstieg 2 Std.
Anforderungen: Bequemer, gut bezeichneter Hüttenweg.
Höchster Punkt: Geraer Hütte, 2326 m.
Einkehrmöglichkeiten: Touristenrast, Geraer Hütte.
Sehenswertes: Auf dieser Wanderung nähert man sich durch den Talschluß des Valser Tals und im Aufstieg zur Hütte dem gewaltigen Halbrund aus Fels und Eis, das die West-, Nordwest- und Nordabstürze von Fußstein, Schrammacher, Sagwand, Sagzahn und Hoher Warte bilden. Wir erblicken um uns eine der eindrucksvollsten Bergkulissen in Nordtirol überhaupt. Durch diese Wände führen schwierige und zuweilen gefährliche Klettertouren.

Aufstieg zur Geraer Hütte: Am Ende des weiten, grünen Talbodens des inneren Valser Tals lassen wir das Auto beim originellen Gasthaus Touristenrast stehen und folgen dem zunächst breiten Almweg talein, vorbei an einer hübschen Kapelle, an der Flittneralm, 1398 m, der Kaseralm und der Altereralm, 1602 m, hinter der im Talschluß der Fahrweg endet. Hier beginnt der eigentliche Hüttenweg zur Geraer Hütte, der nach links, zunächst durch Wald, dann über die weiten Almböden der Alpeiner Alm in unzähligen weiten Kehren emporführt. Große Teile des Weges sind aus Steinplatten und

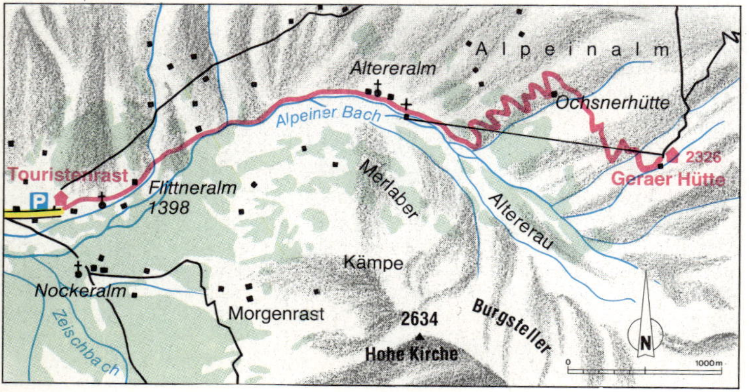

Im hinteren Valser Tal am Weg zur Geraer Hütte, rechts der Olperer.

-blöcken gefügt, und die gleichbleibend flache Steigung erinnert etwas an die Eisenbahntrassen aus dem letzten Jahrhundert. Oberhalb der Almhütten wendet sich der Weg nach Süden, quert zwei Bäche und erreicht die nun schon länger sichtbare Hütte, die zur Rast und Jause einlädt.
Wer noch frisch und munter ist, kann auf einem der von der Hütte ausgehenden Wege ein Stück weiter in die Gletscherwelt vordringen, etwa auf dem Olpererweg gegen den Wildlahnergrat an die Zunge des Olpererferners oder zum Steinernen Lamm (vgl. Wanderung 16), oder aber gegen die Alpeiner Scharte, den Übergang in den Zamser Grund.

Der Abstieg erfolgt auf gleichem Weg.

19 Friesenbergscharte, 2910 m

Ewiges Eis und moderner Sommerskilauf

Tuxerfernerhaus – Spannagelhaus – Friesenbergscharte – Tuxerfernerhaus

Talort: Hintertux, 1493 m, Hoteldorf im hintersten Tuxer Tal auf weiter grüner Wiese, eins der Zentren des Tiroler Sommerskilaufs, vergleiche auch Wanderung 15.
Ausgangspunkt: Tuxerfernerhaus, 2610 m, Bergstation der zweiten Sektion der Hintertuxer Gletscherbahn; bis hierher Gondelbahn. Weiter führen zwei Sesselliftsektionen auf die Gefrorene-Wand-Spitze, Bergstation auf 3250 m. Vorsicht: Die Bahn verkehrt nachmittags nur bis gegen 16 Uhr (offiziell 15.30).
Parkmöglichkeit: Großer Parkplatz an der Talstation, etwas talein von Hintertux.
Gehzeiten: Tuxerfernerhaus – Friesenbergscharte 1 Std., für den Rückweg etwas weniger.
Anforderungen: Leicht, aber gutes Schuhwerk und Trittsicherheit nötig.
Höchste Punkte: Tuxerfernerhaus, 2610 m, Friesenbergscharte, 2910 m.
Einkehrmöglichkeiten: Tuxerfernerhaus, Spannagelhaus. Außerdem an Tal- und Mittelstation der Seilbahn.
Sehenswertes: Dank der ungeheuren Errungenschaften der modernen Technik gelangt man mühelos und in kurzer Zeit (wenn der Andrang an der Talstation nicht allzu groß ist) mitten in die Welt des ewigen Eises, der Gletscherspalten und Bergschründe und der nachmittags anschwellenden Gletscherbäche. Direkt beim Spannagelhaus befindet sich mit der gleichnamigen Höhle die größte und tiefste Naturhöhle Tirols. Führungsdauer etwa ½ Std.

An schönen Sommertagen herrscht auf dem Hintertuxer Gletscher ein reges Treiben; bunt gekleidete Menschen auch aus weit entfernten Ländern führen einander in brütender Mittagshitze und im Gleißen des Firns ihre Skilaufkünste vor, und alles ist sehr modisch bis mondän oder möchte es zumindest gern sein. Wenn man sich aber zur Seite um einige Ecken verdrückt, genießt man bald eine überraschende Ruhe und die vielgepriesene Einsamkeit des Hochgebirges. Die Magnetwirkung der Gletscherbahnen ist nach wie vor überraschend stark.

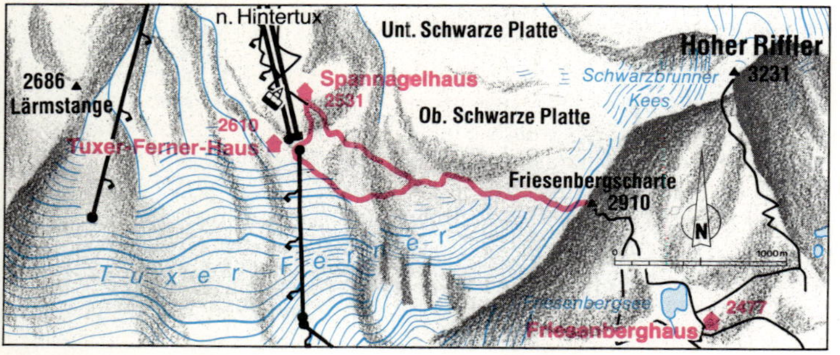

Der Weg zur Friesenbergscharte: Man verläßt die Station der Seilbahn nach Osten (links, vom Ausstieg her) und steigt kurz zu dem auf einem steilen Felskopf gelegenen Spannagelhaus ab. Hier beginnt der alte AV-Weg zur Friesenbergscharte (Nr. 526). Bei heißem Sommerwetter bieten die zu überquerenden Gletscherbäche ab dem späteren Vormittag gewisse Schwierigkeiten, sonst ist der Weg gut markiert und leitet über Moränenrücken und zuletzt ein kurzes Firnfeld (meist Steigspuren) auf die Friesenbergscharte, dem Übergang zu Friesenberghaus und Olpererhütte; mit herrlichem Ausblick auf die Eisriesen des Zillertaler Hauptkamms.

Das Spannagelhaus vom Weg zur Friesenbergscharte.

Rückweg: Zunächst am Aufstiegsweg bis in das Moränenfeld unter der Gefrorenen Wand. Dort zweigt man auf den neuen Weg ab, der durch die steile Felsflanke direkt zum Tuxerfernerhaus und zur Seilbahn zurückführt (Hinweisschild). An den abschüssigen Stellen sind Drahtseile angebracht; etwas Trittsicherheit ist vonnöten.

20 Olpererhütte, 2388 m, Friesenberghaus, 2477 m

Eine Etappe des „Berliner Höhenwegs“

Schlegeis-Speicher – Olpererhütte – Friesenberghaus – Schlegeis-Speicher

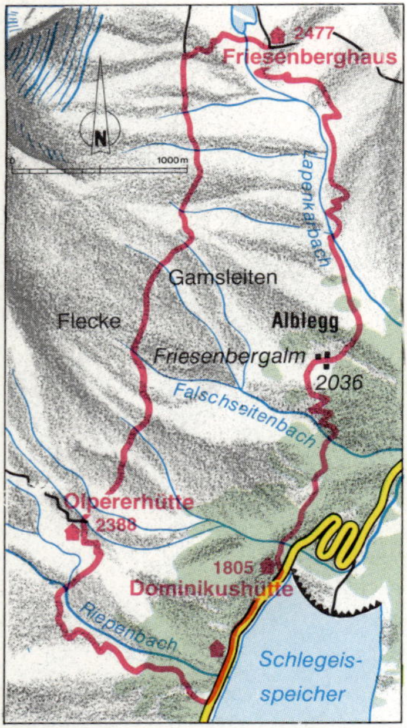

Einkehrmöglichkeiten: Restaurant am See, Olpererhütte, Friesenberghaus.

Talort: Ginzling-Dornauberg, 985 m, sehr ruhig gelegener Ferienort an der Einmündung des Floitengrunds in den Zemmgrund. Der Ortsteil Dornauberg am linken Ufer gehört zu Finkenberg, Ginzling am rechten Ufer zu Mayrhofen. Die für den Bau des Schlegeis-Speichers angelegte neue Straße (mit Tunnel) führt von Mayrhofen an der östlichen Talseite nach Ginzling; die alte, schmale und kurvenreiche Straße führt von Finkenberg über Dornau, oder von Mayrhofen über Bösdornau (Abzweigung von der neuen Straße zwei Kehren unter dem Tunnelportal, nach rechts).
Ausgangspunkt: Schlegeis-Speicher, 1782 m, eindrucksvoller Staudamm in hochalpiner Umgebung, Restaurant am See, Zufahrt bis zur Jausenstation Zamsgatterl (an der Abzweigung zum Pfitscher Joch). Mautstraße von Breitlahner.
Parkmöglichkeit: Große Parkplätze am See.
Gehzeiten: Schlegeis – Olpererhütte 2 Std., Olpererhütte – Friesenberghaus 1½ Std., Abstieg zum Stausee 1½ Std.
Anforderungen: Gut bezeichnete Höhenwege.
Höchste Punkte: Olpererhütte, 2388 m, Friesenberghaus, 2477 m, P. 2600 m am Verbindungsweg.
Sehenswertes: Schöne Ausblicke über den Speicher Schlegeis zu den Eisflanken von Hochfeiler und Großem Möseler.

Die zunächst für den Bau des Schlegeis-Speichers angelegte moderne Autostraße von Mayrhofen in den Zamsergrund hat diese vormals abgelegene Berglandschaft sehr nahe gerückt (wie auch die anderen Zillertaler Gründe). Auf den Parkplätzen am Stausee herrscht großstadtmäßiges Getriebe. Ausflügler treffen ein, fahren ab, müssen verköstigt werden, wollen charakteristische Souvenirs erwerben usf. Auch die umliegenden Hütten,

Blick von Norden auf Schlegeisspeicher und Zillertaler Hauptkamm.

früher Stationen auf entbehrungsreichen Weitwanderungen oder Stützpunkte für die Besteigung des Olperer, Riffler oder Schrammacher, sind nun in erster Linie Ausflugsziele für Tageswanderungen geworden. Die Hüttenwege sind entsprechend frequentiert.

Aufstieg zur Olpererhütte: Vom Restaurant kurz am See einwärts, dann rechts ab und auf dem steilen Hang am Hüttenweg hinauf zur Olpererhütte.

Übergang zum Friesenberghaus: Dieser Abschnitt weist nur wenig Steigung auf. Es ist der erste Teil des Berliner Höhenwegs, der hoch über dem Tal bis zur Gamshütte über Finkenberg verläuft. Der Weg steigt unter den Gefrorene-Wand-Spitzen bis gegen 2600 m an und fällt dann steil zwischen Felsbarrieren hindurch zum Friesenbergsee ab; am See vorbei gelangen wir zum Friesenberghaus.

Abstieg: Über den bequemen Hüttenweg hinunter zur Friesenbergalm, 2036 m, und zurück zum Stausee, den man an der Staumauer erreicht.

21 Furtschaglhaus, 2293 m

Alpenvereinshaus zwischen Stausee und Hauptkamm

Zamsgatterl – Furtschaglhaus und zurück

Talort: Ginzling-Dornauberg, 985 m, Ferienort im Zemmgrund, vergleiche Wanderung 20.
Ausgangspunkt: Zamsgatterl, 1790 m, Jausenstation am Schlegeis-Speichersee; hier endet die Fahrstraße (Mautstraße ab Breitlahner).
Parkmöglichkeit: Großer Parkplatz am See.
Gehzeiten: Aufstieg zum Furtschaglhaus haus 2½ Std., Abstieg 2 Std.

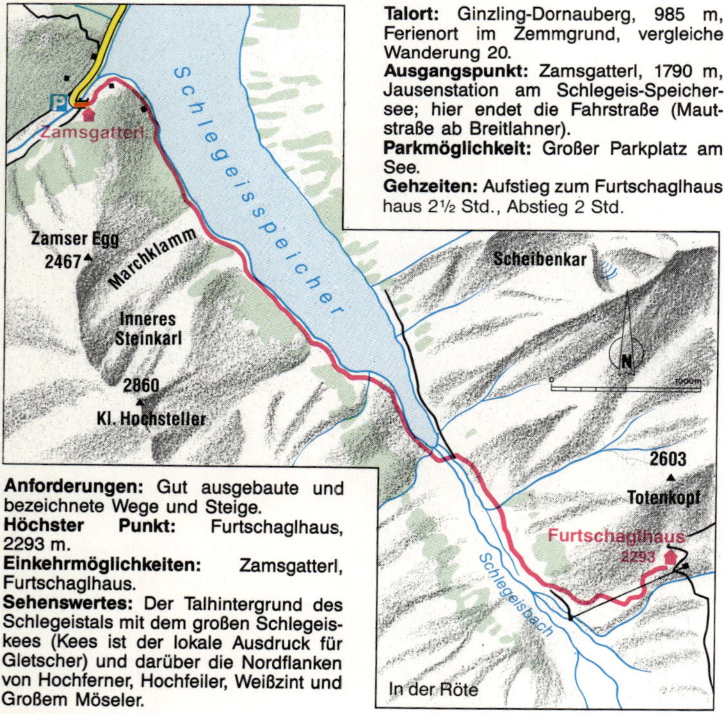

Anforderungen: Gut ausgebaute und bezeichnete Wege und Steige.
Höchster Punkt: Furtschaglhaus, 2293 m.
Einkehrmöglichkeiten: Zamsgatterl, Furtschaglhaus.
Sehenswertes: Der Talhintergrund des Schlegeistals mit dem großen Schlegeiskees (Kees ist der lokale Ausdruck für Gletscher) und darüber die Nordflanken von Hochferner, Hochfeiler, Weißzint und Großem Möseler.

Aufstieg zum Furtschaglhaus: Vom Parkplatz beim Zamsgatterl folgt man dem breiten Fahrweg, der südwärts am See entlang einwärts führt, teilweise kühn in die steile Flanke gesprengt und geschoben. Am Südende des Sees überquert man den Bach und folgt dem breiten Weg bis fast zum Talschluß, wo der Hüttenweg nach links (ostwärts) über den steilen Hang emporführt. Hier steht in der Sommersaison eine mobile Jausenstation. Der Weg führt in vielen Kehren über den teils sehr steilen, felsigen Rücken neben dem

Furtschaglbach hinauf; ganz zuletzt legt sich der Hang zurück und man erreicht die schön gelegene Hütte.
Für ausdauernde Geher lohnt es sich, auf einem der bezeichneten Steige noch weiter gegen die Moränen des Schlegeiskees anzusteigen, nach Süden in Richtung Nevessattel – ein Übergang über den Hauptkamm nach Südtirol –, nach Südosten auf den Großen Möseler zu oder nach Osten in Richtung Schönbichler Horn – ein eisfreier Übergang zur Berliner Hütte, vom Furtschaglhaus in etwa 2½ Std. auf gutem Steig erreichbar.

Der Abstieg von der Hütte erfolgt auf dem Anstiegsweg.

Im Abstieg vom Furtschaglhaus.

22 Berliner Hütte, 2042 m

Hüttenanstieg mit vielen Labestationen

Breitlahner – Klausenalm – Schwemmalm – Grawandhütte – Wirtshaus Alpenrose – Berliner Hütte und zurück

Talort: Ginzling–Dornauberg, 985 m, vergleiche Wanderung 20.
Ausgangspunkt: Breitlahner, 1257 m, ganzjährig geöffnetes Gasthaus, die letzte Dauersiedlung im Tal. Hier treffen Zemm- und Zamser Grund zusammen.
Parkmöglichkeit: Großer Parkplatz beim Ghs. Breitlahner (Parkgebühr).
Gehzeiten: Anstieg 3 Std., Rückweg 1½–2 Std.
Anforderungen: Bequemer Hüttenweg.

Höchster Punkt: Berliner Hütte, 2042 m.
Einkehrmöglichkeiten: Breitlahner, Jausenstationen Klausenalm und Schwemmalm, Grawandhütte, Whs. Alpenrose, Berliner Hütte.
Sehenswertes: Eindrucksvolles Fels- und Gletscherpanorama rund um die Berliner Hütte mit (von West nach Ost) Schönbichler Horn, Großem Möseler, Turnerkamp, Hornspitzen, Schwarzenstein, Mörchner, Zsigmondyspitze, Ochsner.

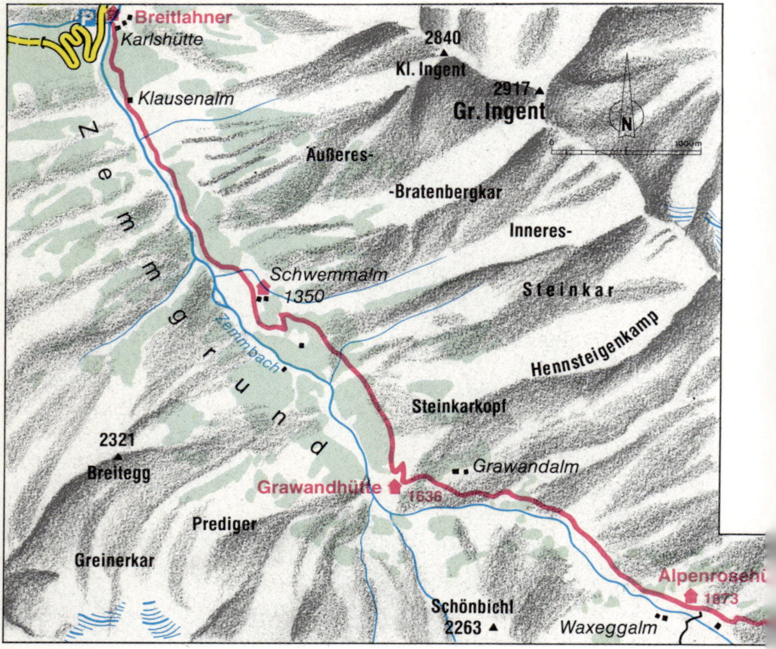

Blick von Nordwesten auf Igentkamm und Zillertaler Hauptkamm.

Sind schon normalerweise alle Täler und Höhen Tirols mit Gastwirtschaften gut bestückt, so findet sich im hinteren Zemmgrund, durch den diese Wanderung verläuft, eine besondere Häufung solcher Kommoditäten: Hungrige und durstige Wanderer können sich unterwegs – Anfangs- und Endpunkt nicht gerechnet – bis zu viermal stärken.

Anstieg zur Berliner Hütte: Vom Gasthaus Breitlahner geht es auf dem breiten Weg bequem im Zemmgrund einwärts, vorbei an den Jausenstationen Klausenalm und Schwemmalm, 1350 m. Nach 1½ Std. erreicht man das schon lange Zeit sichtbare Gasthaus Grawand, das die Hälfte der Wegstrecke markiert. Nun zwischen Weiden und schütteren Zirbenbeständen über die Grawandalm aufwärts, dann folgt ein in die Felsflanke gesprengtes Wegstück hoch über der Schlucht mit dem rauschenden Wildbach. An einem kleinen Wasserspeicher (Fassung für den Schlegeis-Stausee) vorbei gelangt man zum Wirtshaus Alpenrose, 1873 m. Nach etwa 20 Minuten erreicht man schließlich die Berliner Hütte, 2042 m, einen imposanten Bau, eine der größten Alpenvereinshütten der Ostalpen; besonders die Eingangshalle und der Speisesaal beeindrucken nach dem Eintritt in die „Hütte".

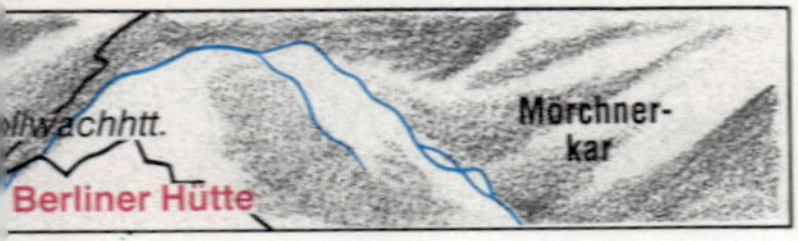

Der Abstieg erfolgt auf gleichem Weg.

23 Gamshütte, 1921 m

Von Ginzling auf die Schlußetappe des Berliner Höhenwegs

Ginzling – Innerböden – Bödenalm – Feldlalm – Graue Platte – Schrahnbachkaralm – Gamshütte – Gamsgrube – Ginzling

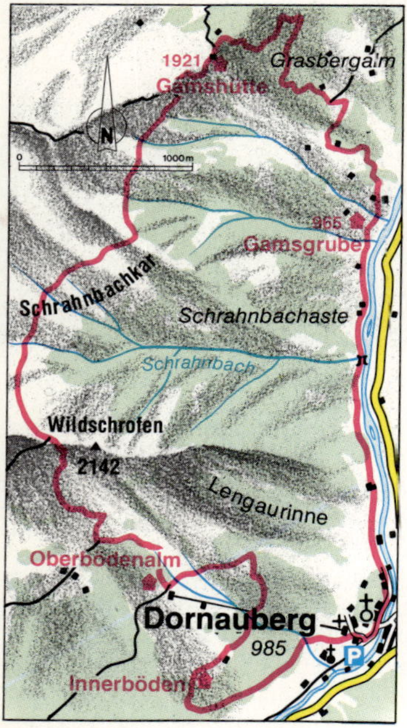

Talort: Ginzling-Dornauberg, 985 m, vergleiche Wanderung 20.
Ausgangspunkt: Dornauberg, 985 m, der Ortssteil am westlichen Ufer des Zemmbachs, mit der 1850 erbauten Kirche Mariä Himmelfahrt. Der Altarstein enthält Reliquien des aus Ramsau im Zillertal stammenden, 1860 von schiitischen Drusen in Damaskus ermordeten Engelbert Kolland (1926 seliggesprochen).
Parkmöglichkeit: Im Ort.
Gehzeiten: Ginzling-Bödenalm 2 Std., Bödenalm – Berliner Höhenweg (Graue Platte) 1 Std., Graue Platte – Gamshütte 2½ Std., Rückweg über Gamsanger nach Ginzling 2 Std.
Anforderungen: Bezeichnete Wege und Steige, an der Grauen Platte mühsam, insgesamt Ausdauer erforderlich.
Höchste Punkte: Graue Platte, 2150 m, Schrahnbachkaralm, 2081 m, Gamshütte, 1921 m.
Einkehrmöglichkeiten: Innerböden, Bödenalm, Gamshütte, Gamsgrube.
Sehenswertes: Die einsame Almregion über der Waldgrenze; schöne Blicke auf den Zillertaler Hauptkamm. Die Begehung des Berliner Höhenwegs in seiner ganzen Länge stellt ein mehrtägiges hochalpines Unternehmen dar, das zu den anspruchsvollsten und lohnendsten seiner Art zählt.

Aufstieg zur Grauen Platte: Von Ginzling über die Brücke, links an der Kirche vorbei, auf den bezeichneten Fußweg nach Innerböden und ihm folgend hinauf, wobei man mehrmals den Fahrweg kreuzt, zur Schutzhütte Innerböden. Der Weg über die Forststraße ist länger, aber bequemer. Nun in weitem Bogen nach Norden ausholend zur Jausenstation Oberböden auf der Bödenalm, 1533 m. Weiter ansteigen auf dem Almweg zur Wildalm, 1761 m, von hier auf recht gutem Weg über die steilen, freien Hänge nordwärts hinauf, zuletzt sehr mühsam, zur Grauen Platte, 2150 m, wo der Berliner Höhenweg, auf den man kurz vorher getroffen ist, den von der Hinteren Grinbergspitze herabziehenden Grat überschreitet.

Weiterweg zur Gamshütte: Auf gutem Weg steil nach Nordwesten hinab. Man quert die Hänge des Schrahnbachkars zur Schrahnbachkaralm, 2081 m; weiter über die streckenweise sehr steilen Hänge von Durrach, Blinzeck und Faltnermahd, bis man auf den Weg von der Gamshütte zu den Grinbergspitzen trifft. Auf ihm kurz hinunter zur Hütte.

Rückweg nach Ginzling: Von der Gamshütte steigt man kurz Richtung Finkenberg ab, bis nach rechts der sog. Holzweg abzweigt. Auf ihm sehr steil hinunter ins Tal, das man beim Gasthaus Gamsgrube erreicht, 965 m. Weiter auf dem ebenen Weg talein zurück nach Ginzling.

Sonniger Spätherbst in Ginzling-Dornauberg.

24 Greizer Hütte, 2227 m

Durch den wildromantischen Floitengrund

Dristenbachalm – Steinbock – Bockachalm – Baumgartenalm – Greizer Hütte und zurück

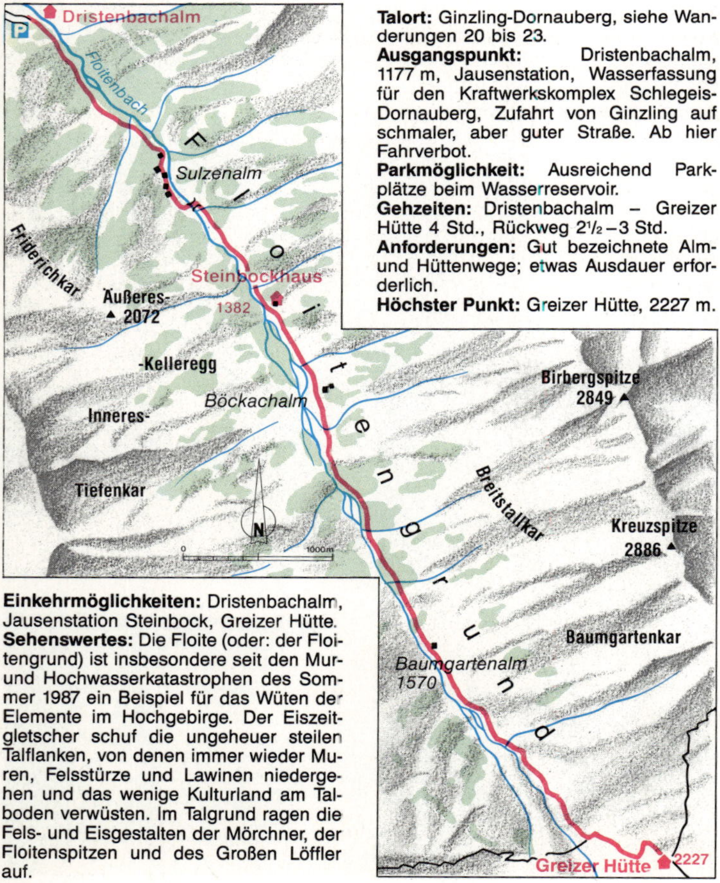

Talort: Ginzling-Dornauberg, siehe Wanderungen 20 bis 23.
Ausgangspunkt: Dristenbachalm, 1177 m, Jausenstation, Wasserfassung für den Kraftwerkskomplex Schlegeis-Dornauberg, Zufahrt von Ginzling auf schmaler, aber guter Straße. Ab hier Fahrverbot.
Parkmöglichkeit: Ausreichend Parkplätze beim Wasserreservoir.
Gehzeiten: Dristenbachalm – Greizer Hütte 4 Std., Rückweg 2½ – 3 Std.
Anforderungen: Gut bezeichnete Alm- und Hüttenwege; etwas Ausdauer erforderlich.
Höchster Punkt: Greizer Hütte, 2227 m.

Einkehrmöglichkeiten: Dristenbachalm, Jausenstation Steinbock, Greizer Hütte.
Sehenswertes: Die Floite (oder: der Floitengrund) ist insbesondere seit den Mur- und Hochwasserkatastrophen des Sommer 1987 ein Beispiel für das Wüten der Elemente im Hochgebirge. Der Eiszeitgletscher schuf die ungeheuer steilen Talflanken, von denen immer wieder Muren, Felsstürze und Lawinen niedergehen und das wenige Kulturland am Talboden verwüsten. Im Talgrund ragen die Fels- und Eisgestalten der Mörchner, der Floitenspitzen und des Großen Löffler auf.

Der langgestreckte, wildromantische Floitengrund lohnt auch einen Besuch, wenn man nicht vorhat, den ganzen etwas langen Weg bi zur Greizer Hütte zurückzulegen; besonders das letzte steile Stück vom Talgrund zur Hütte verlangt dem bereits Erschöpften einiges ab. Das Tal wird von den wild zerrissenen und zum Teil sehr selten bestiegenen Felsformationen des Floiten- und Mörchenkamms begleitet, die bis zu 1700 m über dem Talgrund aufragen.

Anstieg zur Greizer Hütte: Der Weg führt von der Dristenbachalm zunächst nahe dem Floitenbach durch schattige Waldstücke zur Sulzenalm, 1319 m, dann über den Bach und zur Jausenstation Steinbock, 1382 m, die an der Stelle des gleichnamigen, von einer Lawine zerstörten Wirtshauses steht. Weiter führt der Weg talein über freie Almböden und durch kurze Waldstücke, stets in der Nähe des gewaltigen Wildbachs, vorbei an der Bockachalm und der Baumgartenalm in den von Geröll übersäten und von reißenden Gletscherbächen gefurchten Talhintergrund. Hier steigt der Weg über einen Moränenrücken nach links gegen die ungemein steile Talflanke an, die in vielen Kehren, zum Teil zwischen Felswänden hindurch, überwunden wird. Über der Steilstufe steht in einzigartiger Lage die Hütte.

Der Abstieg erfolgt auf gleichem Weg.

Die Greizer Hütte gegen die Floitenspitzen.

25 Reither Kogel, 1336 m

Der östliche Eckpfeiler über dem Eingang des Zillertals

Bergstation der Reither-Kogel-Bahn – Reither Kogel – Bergstation – evtl. Abstieg nach Reith

Talort: Reith im Alpbachtal, 637 m, Bauern- und Fremdenverkehrsdorf in schöner Lage südlich über Brixlegg im Inntal; Zufahrt von dort auf schöner Straße. Alte Siedlung (vorrömische Funde, urkundlich 788 erwähnt, ab dem 15. Jh. wichtiger Bergbauort).
Ausgangspunkt: Bergstation der Reitherkogelbahn, 1238 m; die Talstation befindet sich an der südlichen Ortsausfahrt Richtung Alpbach. Wenn Bahn außer Betrieb, Zufahrt über Hygna zum Nißlhof.
Parkmöglichkeit: Parkplatz an der Talstation.
Gehzeiten: Bergstation – Reither Kogel 3/4–1 Std., Rückweg 1/2 – 3/4 Std., Abstieg nach Reith 1 Std.
Anforderungen: Bequeme Wald- und Wiesenwege.
Höchster Punkt: Reither Kogel, 1336 m.
Einkehrmöglichkeit: Nißlhof.
Sehenswertes: Schöne Ausblicke auf Inntal, Rofangebirge, Zillertal, Tuxer Voralpen und Alpbachtal.

Oberhalb von Hygna, Blick ins Alpbachtal.

Das Gebiet um den Reither Kogel wird von einem dichten Wegenetz überzogen. Wir beschreiben im folgenden stichwortartig einige der möglichen Varianten für Wanderungen in dieser Gegend.

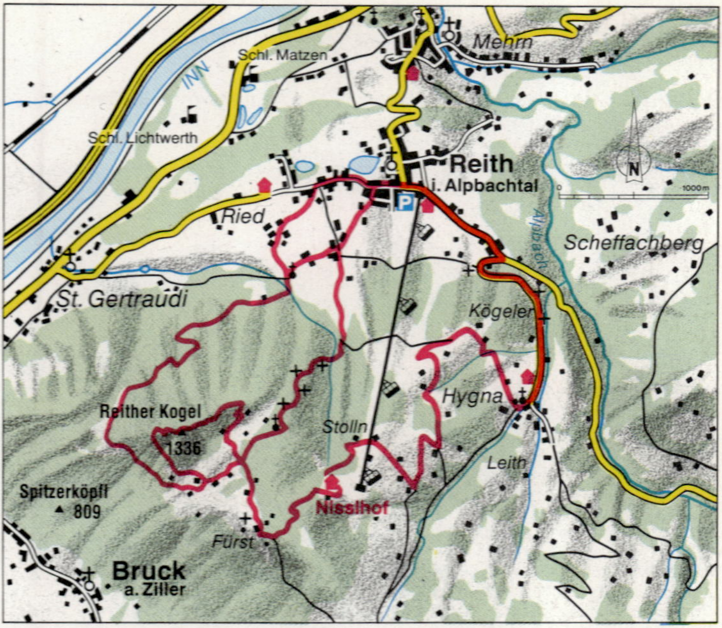

Aufstieg zum Reither Kogel: Von der Bergstation zur Wegabzweigung Schwablhof – Hinterkogel – Dauerstein und von hier geradeaus weiter zum Schwablhof am Fuß des Reither Kogels. Am Hof links vorbei auf dem Bergpfad aufwärts, zuletzt recht steil hinauf zum Gipfel mit Gipfelkreuz und Buch.

Abstieg auf der Anstiegsroute oder über die Westseite (hier gutes Schuhwerk erforderlich). Nach Erreichen des Waldes leicht fallend zum Waldrand und über Bergwiesen zum Hof Hinterkogel. Links am Hof vorbei Rückweg zur Bergstation. Oder: Über den serpentinenreichen Waldweg zurück nach Reith. Oder: Rechts über den Alpenvereinssteig zur Kringwiese zwischen Großkogel und Kleinkogel und weiter nach Reith. Auch für diese Route ist gutes Schuhwerk erforderlich. Man steigt durch den Wald ab, vorbei an alten Bergbau-Resten, gelangt zur Hubkapelle und von dort über die Wiesen zurück zum Dorf Reith.
Vom Nißlhof kann man auch, den Fahrwegen folgend, bequem zurück nach Reith gelangen (eventuell über den Weiler Hygna).

26 Schatzberg, 1901 m

In den grünen Bergen der Kitzbüheler Alpen

Alpbach – Hösljoch – Schatzberg – Grasingerjoch – Blaikenalm – Jochumalm – Roßmoos – Alpbach

Wälder und Wiesen über Alpbach.

Talort: Alpbach, 975 m, aus mehreren Ortsteilen bestehende Bauern- und Fremdenverkehrsgemeinde im inneren Alpbachtal, 9 km auf guter Straße von Brixlegg im Inntal; durch allsommerlich stattfindende internationale Symposien bekannt geworden.
Ausgangspunkt: Ortsmitte von Alpbach.
Parkmöglichkeit: Im Ort.
Gehzeiten: Aufstieg zum Schatzberg 2–3 Std., für den Rückweg 2 Std.
Anforderungen: Gut bezeichnete Wanderwege.
Höchste Punkte: Hösljoch, 1385 m, Schatzberg, 1901 m, Grasinger Joch, 1750 m.
Einkehrmöglichkeiten: Schatzbergalm, Roßmoos, Jausenstation Wurmhof.
Sehenswertes: Die weiten Wald- und Wiesenberge der nördlichen Kitzbüheler Alpen; sowie die stilvollen Unterinntaler Bauernhäuser des Alpbachtals.

Die Gegend um Alpbach ist von einem besonders dichten Netz von Wanderwegen überzogen, so daß die hier vorgeschlagene Wanderung problemlos in mannigfacher Weise verkürzt oder verlängert werden kann, wie aus der Kartenskizze ersichtlich.

Zum Hösljoch: Von der Ortsmitte rechts, am Hotel Böglerhof vorbei, in Richtung Dorfer und weiter zum Poitbauern. Vor der Brücke (auf dem Weg Richtung Roßmoos) links auf dem Güterweg bergwärts zum Thalerhof und weiter dem breiten Weg folgend zum Hösljoch, mit Kapelle. Die weiter westlich verlaufenden Anstiege (Lärchen- und Steinweg) sind etwas steiler und mühsamer.

Weiterweg zum Schatzberg: Vom Joch gegen Osten zur nahe gelegenen Höslalm, dann auf dem breiten Weg südwärts eben hinein zur Thaleralm. Weiter südwärts über die Siegbichlhütte zum Krinnjoch, 1669 m, und über den Rücken, vorbei an der Schatzbergalm, 1740 m, Gastwirtschaft; auf dem Steig hinüber zum Schatzberg, mit Kreuz und dem privaten Schatzberghaus.

Abstieg nach Alpbach: Der Weg folgt dem Kammverlauf zum Hahnkopf, 1902 m, und hinab in das Grasinger Joch. Von hier nach Süden auf dem breiten Almweg hinunter zur Blaikenalm. Nun nordwestwärts zurück über Jochum-, Bichl- und Gunaalm, von der man auf dem Güterweg absteigend den sog. „Oberen Höhenweg" erreicht. Auf ihm nach Roßmoos und zurück nach Alpbach.

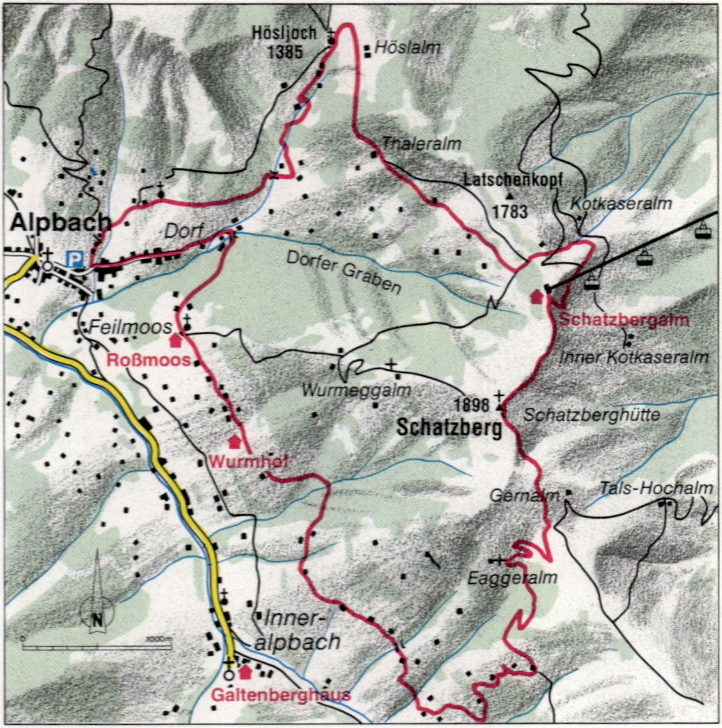

27 Wiedersberger Horn, 2127 m

Alpenrosenmatten über dem Alpbachtal

Kerschbaumer Sattel – Hechenblaikenalm – Luderstein – Wiedersberger Horn – Almhof – Hochlindalm – Kerschbaumer Sattel

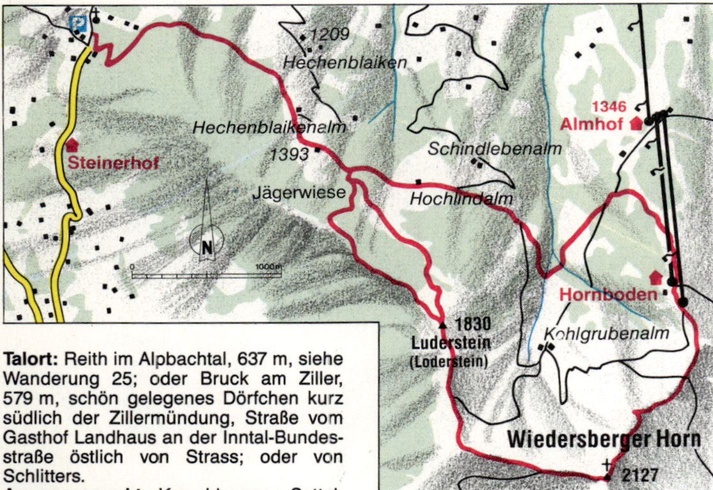

Talort: Reith im Alpbachtal, 637 m, siehe Wanderung 25; oder Bruck am Ziller, 579 m, schön gelegenes Dörfchen kurz südlich der Zillermündung, Straße vom Gasthof Landhaus an der Inntal-Bundesstraße östlich von Strass; oder von Schlitters.
Ausgangspunkt: Kerschbaumer Sattel, 1111 m, weiter Wiesensattel südlich des Reither Kogels, verstreute Bauernhöfe, Zufahrt auf schmaler, guter Straße von Reith über den Weiler Hygna (Abzweigung am Ghs. Hygna) oder von Bruck.
Parkmöglichkeit: An der Straße am Kerschbaumer Sattel.
Gehzeiten: Aufstieg zum Wiedersberger Horn 3–3½ Std., Abstieg 2½ Std.
Anforderungen: Gut gebahnte und markierte Wege und Steige; im Anstieg zum Luderstein ein Stück weglos, abschüssiger Steig; gutes Schuhwerk erforderlich.
Höchste Punkte: Luderstein, 1830 m, Wiedersberger Horn, 2127 m.
Einkehrmöglichkeiten: Hornboden, Almhof.
Sehenswertes: Vom Gipfel schöner Rundblick über Tuxer Voralpen, Rofangebirge, Kitzbüheler Alpen. Im Frühsommer reiche Alpenrosenblüte.

Vom Kerschbaumer Sattel zum Wiedersberger Horn: Der Weg beginnt am Zaun gegenüber den Bauernhäusern am Kerschbaumer Sattel. Zunächst auf dem Güterweg, dann auf lauschigem Waldsteig östlich um den Waldrücken herum zur Hechenblaikenalm. Man folgt kurz dem Güterweg, verläßt ihn aber bald nach rechts und gelangt über die „Jägerwiese“, nun teilweise weglos über Almgelände gegen den steilen Nordhang des Ludersteins (auch: Loderstein). Auf teils abschüssigem Steig durch steiles Gelände zur freien Kuppe hinauf. Nun stets auf der Kammhöhe nach Süden und schließlich von Westen zum Gipfel des Wiedersberger Horns.

Rückweg zum Kerschbaumer Sattel: Man steigt über den Nordostgrat in Richtung Gmahkopf, 1850 m, ab, wo man auf die Liftanlagen des Skigebiets Wiedersberger Horn stößt. Auf breitem Weg kurz abwärts zur Seilbahn-Bergstation mit dem Restaurant Hornboden, 1804 m. Man steigt nun entlang der Seilbahntrasse gegen den Almhof (Gastwirtschaft auf der Kriegalm neben der Seilbahn-Mittelstation, 1346 m) ab; von hier geht man auf dem Almweg den innersten Hochkolbergraben aus und gelangt über die Hochlindalm wieder zur Hechenblaikenalm, wo man auf den Aufstiegsweg trifft. Auf dem Güterweg hinunter bis zur nächsten Kehre, dann links ab und durch den Wald zurück zum Kerschbaumer Sattel.

Der Kerschbaumer Sattel gegen Norden.

28 Hartberg, 1091 m

Beschauliche Wanderung durch Bauernland

Hart – Säuling – Steiner – Großhartberg – Emat – Kleinhartberg – Hart

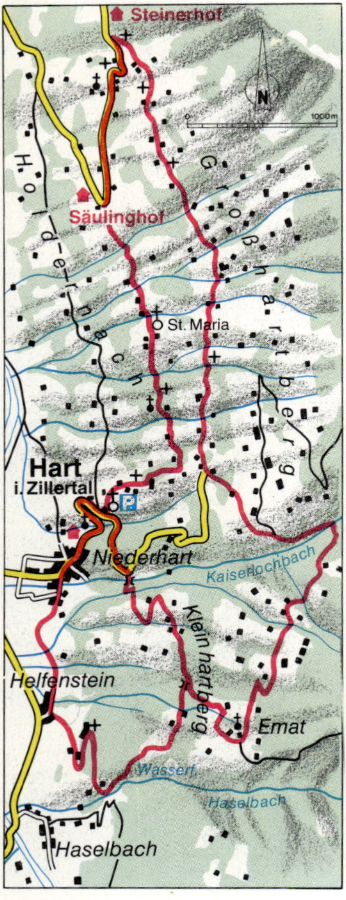

Talort: Hart im Zillertal, 667 m, kleine Ortschaft am östlichen Zillerufer mit weit verstreuten Bergbauernhöfen am Hartberg. Zufahrt von Fügen oder Finsing.
Ausgangspunkt: Bei der Pfarrkirche in Hart.
Parkmöglichkeit: Im Ort.
Gehzeiten: Hart – Steinerhof 1½ Std., Steiner – Kleinhartberg 1½ Std., Abstieg nach Hart ½ Std.
Anforderungen: Bequeme Wege und Sträßchen.
Höchste Punkte: Steiner, 1047 m, Tuxer, 1075 m, Emat, 1080 m.
Einkehrmöglichkeiten: Sonne, Hoppet in Oberhart, Ghs. Säuling, Steinerhof.
Sehenswertes: Kapelle zu Ehren Mariä Reinigung, 857 m, schönes barockes Kirchlein, weithin sichtbar am Talhang inmitten von Wiesen gelegen. Die Legende berichtet, daß die Muttergottes einstmals im Bach neben der Kapelle die Windeln für das Jesuskind gewaschen hat. Daher wurde dem Wasser besondere Heilkraft, vor allem bei Augenleiden, zugeschrieben.

Von Hart zum Steinerhof: Von der Kirche auf dem Weg Nr. 722 ostwärts über die Wiesen hinauf, am Hirner-Hof vorbei, hier links ab (Hinweisschild „Marienkapelle") und zuletzt auf dem Fahrweg zum Kirchlein St. Maria, 857 m. Man folgt diesem weiter in gleicher Höhe talauswärts bis zum Gasthaus Säuling, das an der großen Kehre der Straße von Bruck zum Kerschbaumer Sattel steht. Dieser Straße folgt man nun ein Stück bergauf bis zum Gasthof Steiner, am Steilhang über dem Tal gelegen.

Einzelstehender Bergbauernhof am Hartberg.

Über den Großhartberg zum Kleinhartberg: Vom Steiner etwa 500 m auf der Straße zurück, dann links ab und auf dem breiten, ebenen Weg durch Wiesen und kleine Waldstücke, vorbei an den stattlichen, schön gelegenen Bauernhöfen des Großhartbergs nach Süden. Auf der Höhe von Hart (wohin man von hier auch absteigen kann) biegt der Weg scharf in das enge, bewaldete Tal des Kaiserlochbachs ein; jenseits hinaus zu den Höfen des Kleinhartbergs.

Abstieg nach Hart: Von den Höfen Emat (mit kleiner Kapelle) entweder kurz absteigen, dann nach rechts auf dem Fahrweg zurück nach Hart. Oder man hält sich links und schließt noch einen kleinen Abstecher zum Harter Wasserfall an; der Haselbach stürzt 91 m tief ab, es ist dies der höchste Wasserfall des Zillertals. Vom Wasserfall auf dem blau markierten Weg zurück nach Hart.

29 Hamberg, 2095 m

Sonnige Herbstwanderung über dem Märzengrund

Gattererberg – Steinbergaste – Obweinalm – Windhag – Gattererberg

Talort: Gattererberg, 750–1050 m, Ortsteil der Gemeinde Stummerberg auf den steilen sonnigen Hängen nördlich des Märzengrunds. Zufahrt auf meist schmaler, steiler, aber gut ausgebauter Straße von Stumm nach Stummerberg. Abzweigung an der zweiten Kehre nach links, über die Schlucht des Märzenbachs und in vielen Kehren über den Gattererberg hinauf.

Ausgangspunkt: Gasthof Bergrast, 1060 m, schön gelegener Berggasthof am Ende der öffentlichen Fahrstraße auf den Gattererberg.

Parkmöglichkeit: Am Gasthof Bergrast.

Gehzeiten: Bergrast – Hamberg 2½–3 Std., Rückweg über die Obweinalm 3½–4½ Std.

Anforderungen: Gute Almwege und Steige, meist bezeichnet.

Höchster Punkt: Hamberg, 2095 m.

Einkehrmöglichkeit: Nur im Ghs. Bergrast.

Sehenswertes: Bergmähder und Almen; von Hamberg an klaren Herbsttagen eine schöne Aussicht über das vordere Zillertal, auch nach Süden bis zum Ahornkamm (Grundschartner).

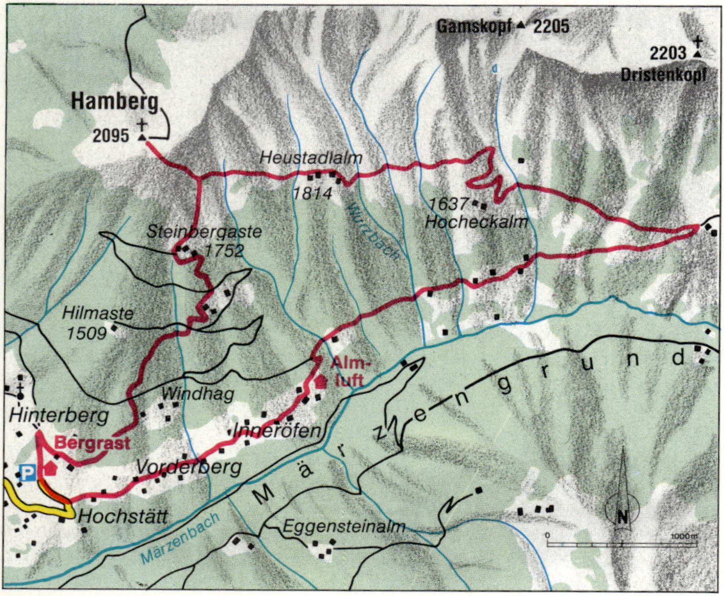

Aufstieg zum Hamberg: Von der Bergrast folgt man dem asphaltierten Sträßchen; bei der Kehre rechts und an den letzten Häusern vorbei eben hinein, bis bei einem Gatter (Wegweiser) der Fußsteig Richtung Hamberg abzweigt. Auf ihm durch anfangs lichten, dann dichteren Wald hinauf, an der Windhagaste, 1280 m, vorbei, wo man den ersten schönen Blick in den Märzengrund erhascht, weiter durch Wald, den Güterweg zur Steinbergaste mehrmals kreuzend hinauf zu dieser, 1752 m. Nun sind wir schon an der Waldgrenze, der Blick weitet sich. Über die freien Hänge führt der Steig nach Nordwesten hinauf zur Gipfelkuppe des Hambergs, die aus groben Blöcken besteht, mit Gipfelkreuz.

Herbststimmung am Vorderen Gattererberg, gegen Nordwesten.

Über die Obweinalm zurück zur Bergrast: Natürlich kann man auch gleich auf dem Anstiegsweg wieder absteigen; lohnend ist aber auch der Umweg über die Almen am Sonnenhang des einsamen Märzengrunds. Vom Gipfel über den ersten steilen Hang zurück hinunter, dann nach links eben hinüber zur Heustadlalm, 1814 m. Auf dem Almweg allmählich absteigend talein zur Hocheckalm, 1637 m, und weiter zur Obweinalm, 1548 m, nördlich über dem lieblichen Talgrund der Gmündasten. Von der Obweinalm geht es wieder talaus, auf bezeichnetem Waldweg vorbei an Almen, durch Waldstücke zu den hintersten Höfen des Gattererbergs, Inneröfen und Vorderberg, und zurück zum Gasthof Bergrast.

30 Märzengrund, 1496 m

Schattige Talwanderung zu stillen Almen

Stummerberg – Gmündasten – Baumgartenasten und zurück

Talort: Stumm, 556 m, hübsch gelegenes Dörfchen am Ausgang des Märzengrunds; Zufahrt von Kaltenbach. Barocke Pfarrkirche; Schloß Stumm, 1550 erbaut, ein typischer Tiroler Ansitz, dreigeschossiger, quadratischer Bau mit steilem Walmdach und Erkern, Privatbesitz, keine Besichtigung. 1987 führten die Zillertaler Volksbühnen auf dem Dorfplatz von Stumm das Stück „Verlorene Heimat" von Felix Mitterer auf, das die Vertreibung der Zillertaler Protestanten um 1830 zum Gegenstand hat.
Ausgangspunkt: Stummerberg, 954 m, mittlerer Ortsteil der Gemeinde Stummerberg; gute Fahrstraße von Stumm.
Parkmöglichkeit: Bei den Höfen von Oberberg, wo der Weg in den Märzengrund abzweigt.
Gehzeiten: Oberberg – Gmündasten 1½ Std., Gmündasten – Baumgartenasten ½ Std., Rückweg nach Oberberg 2 Std.
Anforderungen: Ebene breite Almwege.
Höchster Punkt: Baumgartenasten, 1496 m.
Einkehrmöglichkeit: Gmündasten (Almwirtschaft).
Sehenswertes: Die weltabgeschiedene Wald-, Alm- und Berglandschaft des hinteren Märzengrunds, der von neueren Erschließungen bisher verschont blieb.

Die Nebentäler des Zillertals werden als „Gründe" bezeichnet. Bekannt und stark erschlossen sind vor allem die Gründe des hinteren Zillertals, die von Mayrhofen ihren Ausgang nehmen, auf der Landkarte wie die auseinandergestreckten Finger einer Hand wirkend. Der Märzengrund, der etwas nördlich vom Dorf Stumm mit einer wilden Waldschlucht, der Märzenklamm, in das Zillertal mündet, bietet, von einigen Forstwegen neueren Datums abgesehen, dem Besucher immer noch das Bild der traditionellen alpinen Natur-

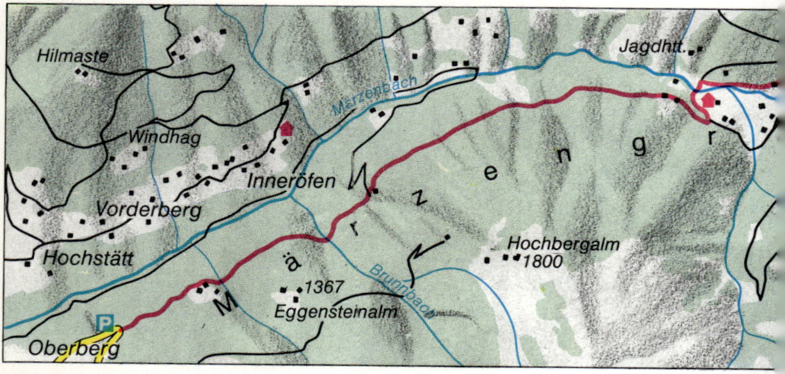

Stummer Pfarrkirche und Schloß Stumm gegen Westen.

und Kulturlandschaft, geprägt in erster Linie von der Alm- und Forstwirtschaft. Der Verlust der alten Lebensformen wird ja vielfach beklagt, insbesondere vom romantischen Städter, der im Sommer oder Herbst bei schönem Wetter einige Tage in den Bergen verbringt.

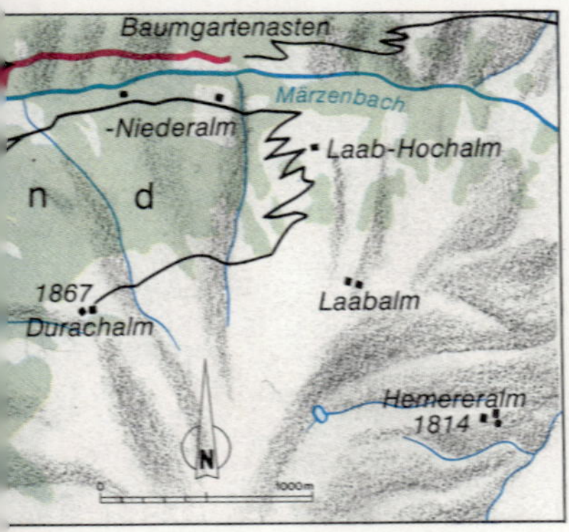

Der Weg in den Märzengrund: Das Auto wird an geeigneter Stelle in der Gegend von Oberberg am Straßenrand abgestellt; der breite Almweg zieht mit wenig Steigung auf der waldigen Schattenseite des Märzengrunds einwärts, bis dieser sich an der Einmündung des Triplonbachs zu dem Wiesengrund weitet, auf dem die Gmündasten stehen. Weiter führt der Weg über den Bach und auf der Sonnenseite zu der weiter talein gelegenen Baumgartenaste, 1496 m.

Rückweg auf gleichem Weg.

31 Karspitze, 2257 m

Die „Große Rundwanderung“ im Kreuzjochgebiet

Rosenalm – Karspitze – Kreuzwiesenalm – Rosenalm; evtl. Abstieg über Grindlalm nach Zell

Das Alpengasthaus Grindlalm am Rohrberg.

Talort: Zell am Ziller, vergleiche Wanderung 7.

Ausgangspunkt: Rosenalm, 1740 m, Bergstation der Gondelbahn Kreuzjoch („Skizell“) mit Bergrestaurant. Die Talstation befindet sich beim Ortsteil Rohr neben dem Kraftwerk Gerlos, etwas nordöstlich außerhalb von Zell. (Der Sessellift auf die Karspitze ist im Sommer nicht in Betrieb).

Parkmöglichkeit: An der Talstation.

Gehzeiten: 3½ Std. für die Rundwanderung; für den Abstieg nach Zell 2 Std.

Anforderungen: Gut bezeichnete Wege und Steige (Nr. 10 und 11).

Höchste Punkte: Törljoch, 2189 m, Karspitze, 2257 m.

Einkehrmöglichkeiten: Rosenalm, Simons Schistadl, Kreuzwiesenhütte, im Abstieg nach Zell das Berggasthaus Grindlalm.

Sehenswertes: Die Karspitze ist der letzte Ausläufer der Kitzbüheler Alpen nach Südwesten. Die exponierte Lage über Gerlos- und Zillertal bedingt eine schöne Rundsicht auf mittlere und östliche Zillertaler und die südöstlichen Tuxer Voralpen.

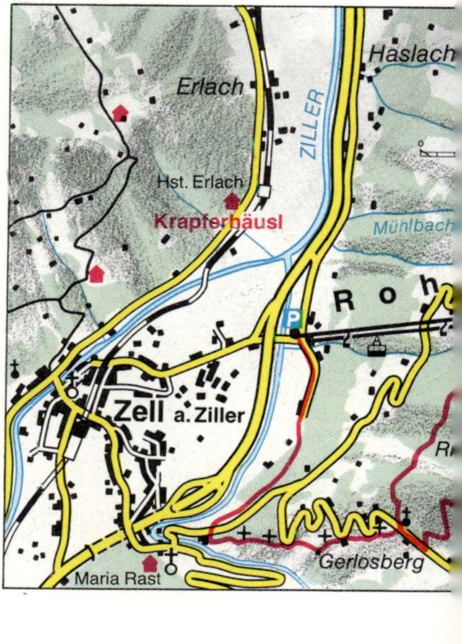

Von der Rosenalm zur Karspitze: Von der Bergstation der Gondelbahn nach links haltend zuerst leicht abwärts und dann rechts in einer Serpentine aufwärts zur Gründlalm, 1831 m. Nun nach links zur Kreuzjochhütte. Unmittelbar vor der Hütte zweigt der breite Fußweg nach rechts ab, der in mehreren Serpentinen nach oben führt. Der breite Weg verengt sich zusehends zum Steig, und man erreicht das Törljoch, 2189 m. Wir halten uns nach rechts bis zum höchsten Punkt, der Karspitze, 2257 m.

Rückweg zur Rosenalm: Vom höchsten Punkt nach Osten am kleinen Roßsee vorbei zu den Karhütten, 2072 m. Auf dem breiten Fußweg immer rechtshaltend zur Kreuzwiesenhütte und weiter zur Gründlalm. Von hier auf dem Anstiegsweg zur Rosenalm. Man kann auch bereits kurz vor der Gründlalm nach links auf dem steilen Weg (Markierung 10A) nach Zell absteigen.

Abstieg von der Rosenalm ins Tal: Der mit Nr. 10 bezeichnete Weg führt durch den teils steilen Wald abwärts zum Berggasthof Grindlalm, 1150 m, der auch auf schmaler Fahrstraße von Zell erreicht werden kann. Dem Sträßchen entlang südwärts, bis beim Rohrbach der bezeichnete Fußweg talwärts abzweigt; auf ihm – die Gerlosberger Straße bei einer Kapelle nochmals kreuzend – ins Tal hinab, das man an der Ausmündung der Gerlosklamm südlich von Zell erreicht. Hier nach rechts und über die Krauspromenade fast eben durch den Wald nordwärts zurück zur Talstation.

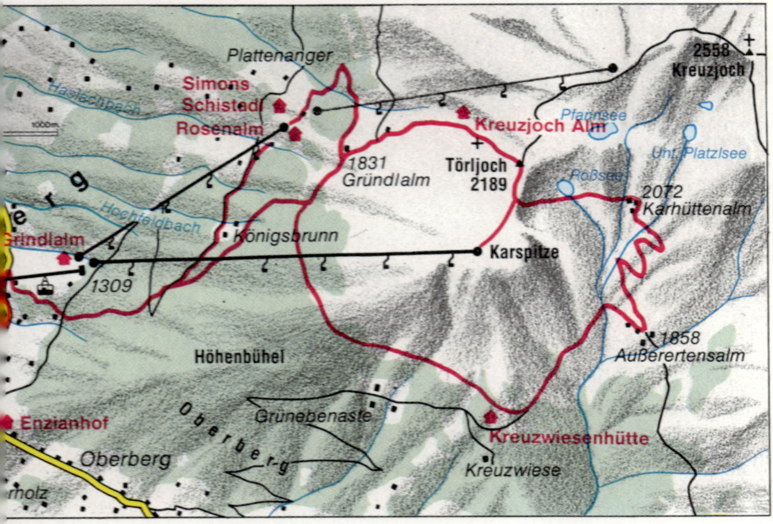

32 Isskogel, 2263 m

Ins Tal der Wilden Krimml

Gerlos-Oberhof – Ebenfeldaste – Isskogel – Krimmlalm – Krummbachalm – Gerlos

Das Pfarrkirchlein von Gerlos.

Talort: Gerlos, 1245 m, mondäner Wintersportort im oberen Gerlostal; über die Gerlos-Paßstraße mit dem Salzburger Pinzgau verbunden. Auch die Straße von Zell am Ziller über den Hainzenberg wurde in letzter Zeit großzügig ausgebaut.
Ausgangspunkt: Oberhof, östlichster Teil des geschlossenen Ortsgebiets von Gerlos. Die erste Etappe der Wanderung, die verhältnismäßig wenig lohnend ist, kann auch mit dem Isskogellift zurückgelegt werden. Die Talstation befindet sich noch weiter östlich außerhalb des Ortsgebietes.
Parkmöglichkeit: In Oberhof, wo die Bundesstraße den Oberhofbach überquert, an der nordwärts abzweigenden Fahrstraße; und unmittelbar an der Isskogellift-Talstation.
Gehzeiten: Oberhof – Ebenfeldaste 1½–2 Std., zum Isskogel 1 Std., Abstieg durch das Krummbachtal bis Oberhof 2½ Std.
Anforderungen: Gute bezeichnete Wege und Steige, an einigen Stellen im Krummbachtal Trittsicherheit erforderlich.
Höchste Punkte: Isskogel, 2263 m, P. 2281 auf dem Kamm zum Kreuzjoch.
Einkehrmöglichkeiten: Ebenfeldaste, mehrere Almwirtschaften im Krummbachtal.
Sehenswertes: Das Krummbachtal und sein oberster Teil, die Wilde Krimml, bieten eine derzeit noch weitgehend unberührte und eigenartige Berg- und Almlandschaft.

Aufstieg zum Isskogel: Von Oberhof zunächst westlich des Bachs auf der Straße, dann bei Markierung nach rechts, über den Bach und auf nettem Steig durch Wiesen und Wald, einen neuen Fahrweg kreuzend, zuletzt über die Skiabfahrt zur Bergstation des Isskogellifts, die Ebenfeldaste, 1810 m. (Oder mit dem Lift bis hierher.) Kurz über den Wiesenrücken hinauf, weiter linkshaltend über die teils sumpfigen Weiden, unter dem Schlepplift durch und nach Westen auf den grasigen runden Kamm, der zum Isskogel zieht. Nach Nordwesten auf die weite flache Kuppe, mit Kreuz.

Der Weg durch das Krummbachtal: Vom Isskogel noch etwas über den flachen Rücken westwärts, dann zweigt der bezeichnete Steig nach rechts ab. Recht steil hinunter in das flache Becken der Krimmlalm. (Von hier in ½ Std. in die obere Wilde Krimml, mit schönen Bergseen.) Der Weg talaus zur Arzlaner Alm ist der schönste Abschnitt dieser Wanderung. Der Steig führt durch lichten Zirbenwald, zwischen großen Felsblöcken hindurch und über kleine Wiesenflächen, überquert einmal den Bach und leitet an der nördlichen Talseite hinaus zur Arzlaner Alm, mit schönem Blick auf die nördliche Reichenspitzgruppe. Nun durch den dichteren Wald hinunter zum Talboden und an einigen weiteren Almen vorbei ins Gerlostal und auf dem Fahrweg zurück nach Gerlos.

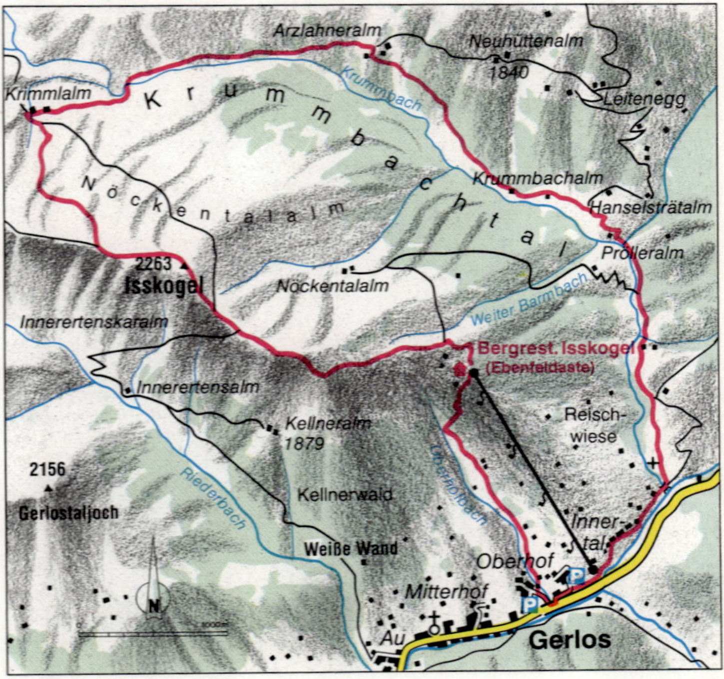

33 Königsleiten, 2315 m

Kurzer Weg auf einen hervorragenden Aussichtsberg

Königsleiten-Bergstation – Königsleiten – Müllachgeier – Lift-Talstation

Talort: Gerlos, 1245 m, siehe Wanderung 32; Krimml, 1076 m, siehe Wanderung 35; Wald im Pinzgau, 885 m, siehe Wanderung 34.

Ausgangspunkt: Königsleiten, 1635 m, neuzeitliches „Almdorf", in erster Linie für den Wintersport, mit Apartmenthäusern, Hotels, Liftanlagen. Zufahrt von der Mautstelle am Gerlospaß (Pinzgauer Höh) auf guter Straße. Von Gerlos kommend kann man schon früher, auf der Höhe des Speichersees Durlaßboden, nach Königsleiten abzweigen.

Parkmöglichkeit: An der Talstation des Königsleitenlifts.

Gehzeiten: Lift-Bergstation – Königsleiten ½ Std., Übergang zum Müllachgeier und Abstieg zur Talstation 1½ Std.

Anforderungen: Gute Berg- und Almwege.

Höchste Punkte: Königsleiten, 2315 m, Müllachgeier, 2252 m, Brucheck, 2144 m.

Einkehrmöglichkeiten: An der Tal- und Bergstation des Lifts.

Sehenswertes: Die eigenartige Hochmoor-Vegetation im Gebiet des Gerlospasses; vom Königsleiten aus genießt man eine besonders gute Aussicht auf die Reichenspitzgruppe und den Großvenediger.

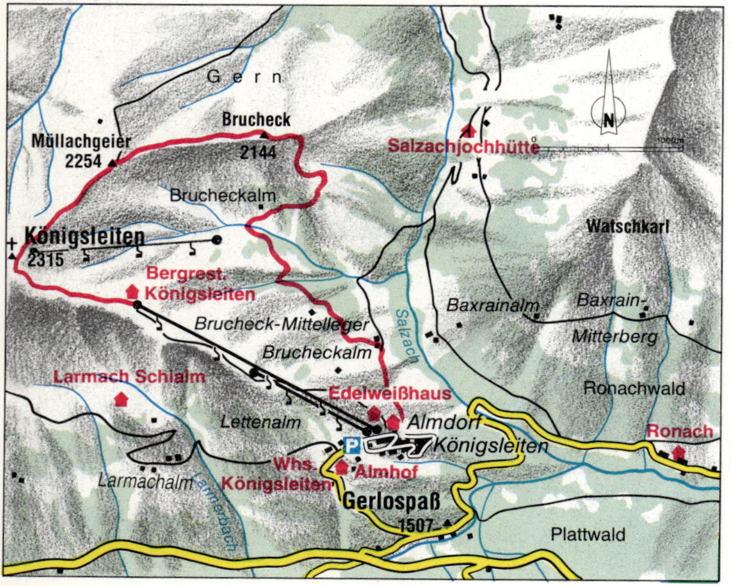

Auch wenn man wenig Zeit zur Verfügung hat, lohnt dieser kleine Abstecher von der Gerlos-Paßstraße; man startet nach der Höhenüberwindung mit dem Lift (im Herbst muß man hier natürlich zu Fuß gehen!), schon auf 2100 m und hat bloß noch lächerliche 200 Höhenmeter zum Gipfel zurückzulegen. Der Blick über den Durlaß-Speichersee in das Wildgerlostal und auf die Nordseite der wilden Reichenspitzgruppe ist beachtlich. Man bewegt sich gefahrlos auf grünen Höhen; tief unten das Tal des Pinzgaus und die herbe Moor- und Fichtenwaldszenerie der Gerlosplatte, der Hochfläche an der Wasserscheide zwischen Salzach und Gerlosbach, die stellenweise an nordeuropäische Landschaften erinnert.

Blick vom Gerlospaß über den Durlaßboden-Speicher auf den Plattenkogel.

Die Route: Von der Lift-Bergstation über sanft ansteigende Bergwiesen in kurzer Zeit auf die Höhe des Königsleiten-Gipfels. Die Rundtour führt nun nach Nordosten zu den schwach ausgeprägten Erhebungen des Müllachgeier, 2252 m, und des Brucheck, 2144 m. Von hier geht es steil hinunter nach Süden zur Brucheck-Hochalm, über den Bach und vorbei am Brucheck, Mittel- und Niederleger zurück zum Almdorf Königsleiten und zur Lift-Talstation.

34 Gernkogel, 2267 m

Auf den sonnigen Almen über Wald im Pinzgau

Grüblwirt – Wurf-Grundalm – Wurf-Hochalm – Gernkogel – Berger Hochalm – Wirtshaus Gretlhof

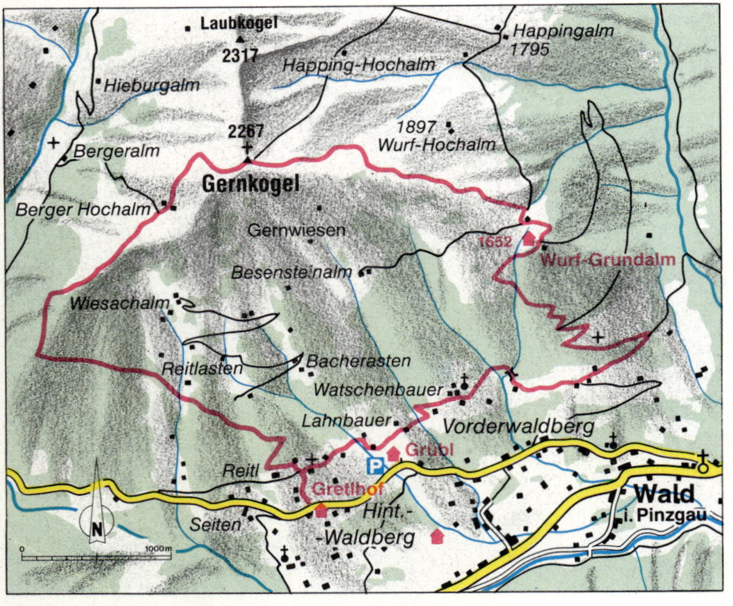

Talort: Wald im Pinzgau, 885 m, schön am Sonnenhang gelegenes Dörfchen im obersten Pinzgau; von hier führt die alte Gerlos-Paßstraße hoch über der Salzach hinauf zum Paß – vor allem außerhalb der Hochsaison ein interessantes Auto-Unternehmen. Große Teile sind einspurig mit Ausweichstellen und erfordern etwas „Bergerfahrung" und Vorsicht.
Ausgangspunkt: Grüblwirt, 1100 m, 3 km von Wald an der alten Gerlos-Paßstraße.
Parkmöglichkeit: Beschränkte Parkplätze beim Grüblwirt.
Gehzeiten: Aufstieg zum Gernkogel 3 Std., Abstieg 2 Std.
Anforderungen: Überwiegend gute, bezeichnete Almsteige; man bewegt sich fast nur auf steilen Südhängen – an heißen Sommertagen eher abzuraten.
Höchster Punkt: Gernkogel, 2267 m.
Einkehrmöglichkeiten: Grüblwirt, Wurf-Grundalm, Gretlhof.
Sehenswertes: Schöne Blicke auf die Krimmler Fälle, ins Krimmler Achental, auf Venediger- und Reichenspitzgruppe.

Der Aufstieg zum Gernkogel: Vom Grüblwirt geht man noch ein kurzes Stück der Fahrstraße entlang bergwärts, bis der mit Nr. 25 bezeichnete Fußweg nach rechts abzweigt. Auf ihm nordostwärts den Hang querend aufwärts, vorbei am Lahnbauer und am Watschenbauer und dem Hof Hoched, wo der Weg von Wald im Pinzgau heraufkommt. Entweder schon kurz vorher auf dem Fußweg Nr. 1A nach links steil durch den Wald hinauf zur Wurf-Grundalm, 1652 m (Gastwirtschaft). Oder von Hoched auf dem Fahrweg, bequemer. Von der Alm auf dem Weg 1A/731 nordwärts zur Wurf-Hochalm, 1897 m, und von hier über die freien Gernwiesen nach Westen weglos der Markierung folgend zum Gipfel des Gernkogels, 2267 m.

Der Abstieg nach Südwesten: Weiter der Bezeichnung 731 folgend steigt man auf dem Steig südwestwärts zur Berger Hochalm ab. Nun kommt man bald in den Wald und erreicht nach einem weiten Bogen nach Westen die Reitl-Asten. Danach wieder durch Wald hinunter zu den Wiesen der höchsten Einzelhöfe von Wald. Kurz hinunter zur Straße, die man beim Wirtshaus Gretlhof erreicht, und auf ihr abwärts zum Grüblwirt.

Bergbauernland an der alten Gerlos-Paßstraße.

35 Plattenkogel, 2039 m

Mit Aussicht auf die höchsten Wasserfälle Österreichs

Krimml – Whs. Falkenstein – Filzsteinhaus – Plattenkogel – Breitscharte – Schönmoosalm – Krimml

Talort: Krimml, 1076 m, letzte Ortschaft im oberen Pinzgau, Ausgangspunkt der neuen Gerlos-Paßstraße (Mautstraße), mit Aussichtsterrasse auf die Krimmler Wasserfälle, mit 380 m die höchsten Österreichs.
Ausgangspunkt: Vom Ort Krimml. Da man auf dem beschriebenen Weg im Aufwie im Abstieg die Paßstraße kreuzt, kann bei Zeitmangel oder Bequemlichkeit die Wanderung entsprechend verkürzt werden.
Parkmöglichkeit: Im Ort Krimml, neben der Kirche und an den Kreuzungspunkten des Wanderwegs mit der Straße.
Gehzeiten: Krimml – Plattenkogel 2½–3 Std., Rückweg nach Krimml 2 Std.
Anforderungen: Gute, bezeichnete Wege und Steige.
Höchste Punkte: Plattenkogel, 2039 m, Breitscharte 1925 m.
Einkehrmöglichkeiten: Falkenstein, Filzsteinhaus, Schönmoosalm.
Sehenswertes: Die erwähnten Wasserfälle, mit denen die Krimmler Ache aus dem Achental in den Pinzgau hinabstürzt; es sind die höchsten Österreichs. Sie sind auf dieser Wanderung immer wieder gut zu sehen.

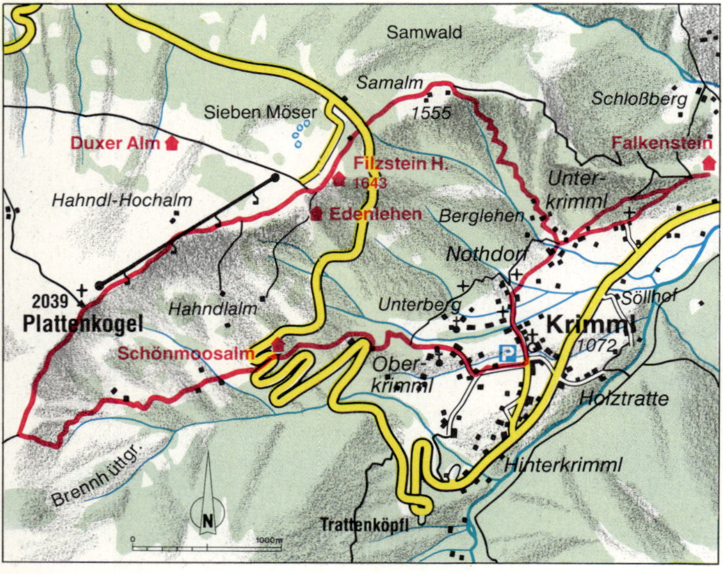

Das Dorf Krimml im obersten Pinzgau, gegen Nordosten.

Auf dem letzten ebenen Stück Erde des Pinzgaus, dem obersten Tal der Salzach, steht das Dorf Krimml vor hochalpiner Kulisse, deren dramatischer Akzent die berühmten Wasserfälle sind.

Von Krimml auf den Plattenkogel: Von der Kirche auf der Fahrstraße nordwärts aus dem Ort und rechtshaltend durch die Wiesen nach Unterkrimml, wo wo man in gleicher Richtung auf den bewaldeten Rücken ansteigt, der an seinem Ostende mit steiler Klippe gegen das Tal abfällt. Oben auf der Klippe steht in eindrucksvoller Lage das Gasthaus Falkenstein. Der Weg führt nun sehr steil über die Nößlachwand auf die Höhe des Gerlospasses empor und leitet über die Steilhänge, vorbei an der Sam-Alm, westwärts hinüber zur Paßstraße, die man überquert; jenseits kurz hinauf zum Ghs. Filzenrast, 1643 m. Von hier neben der Lifttrasse über den breiten Rücken nach Südwesten auf die weite, flache Kuppe des Plattenkogels, 2039 m, mit mehreren Aussichtsbänken.

Abstieg über die Breitscharte nach Krimml: Auf dem ausgetretenen Steig südwärts hinunter in die Kleine Scharte, 1973 m, und zur Breitscharte, 1925 m, dem Übergang von Krimml ins Wildgerlostal. Auf dem mit Nr. 49 bezeichneten Steig nach Osten hinunter; bei der Schönmoosalm überschreitet man wiederum die Paßstraße. Weiter durch den steilen Wald absteigend erreicht man den Talboden kurz nordwestlich des Dorfes Krimml.

36 Richterhütte, 2374 m

An der Ostseite der Reichenspitzgruppe

Schönangerl – Krimmler Tauernhaus – Richterhütte und zurück

Die Reichenspitze, höchster und schönster Gipfel der Gruppe.

Talort: Krimml, 1076 m, siehe Wanderung 35.
Ausgangspunkt: Trattenköpfl, Parkplatz an der Paßstraße mit Aussichtsterrasse zu den Krimmler Fällen.
Parkmöglichkeit: Parkplatz am Trattenköpfl.
Gehzeiten: Parkplatz Trattenköpfl – Krimmler Tauernhaus 2½ Std., Tauernhaus – Richterhütte 2–2½ Std.; für den Rückweg fast ebensoviel Zeit.
Anforderungen: Wenn man den Jeep-Taxiverkehr zum Tauernhaus nicht in Anspruch nehmen will oder kann, handelt es sich hier um eine sehr lange Wanderung, einen klassischen Hüttenhatscher oder -schinder.
Höchster Punkt: Richterhütte, 2374 m.
Einkehrmöglichkeiten: Ghs. Schönangerl, Krimmler Tauernhaus, Richterhütte.
Sehenswertes: Die Krimmler Fälle am Weg zum Schönangerl; die wilden Felsgipfel der Reichenspitzgruppe über zerrissenen Gletscherfeldern.

Der Anstieg zur Richterhütte, dem Stützpunkt für Gipfelbesteigungen im Ostteil der Reichenspitzgruppe, ist seit alters her als besonders lang verschrien; der flache Weg durch das Krimmler Achental, an vielen Almen vorbei, spannt die Geduld des abwechslungssüchtigen modernen Menschen sehr auf die Folter. Lustiger wird das Unternehmen schon, wenn man sich des Taxiverkehrs zum Krimmler Tauernhaus für eine oder beide Etappen bedient. Damit wird der gefürchtete fünfstündige Tal- und Hüttenschinder einfach halbiert. Übrig bleibt der anregende letzte Teil, der Anstieg durch das Rainbachtal hinauf gegen die einzigartige Fels- und Eislandschaft des Ostabsturzes der Reichenspitzgruppe, mit (von Nord nach Süd) Reichenspitze, Zillerspitze, Richterspitze, Schwarzköpfen, Spaten, Nadelspitze, Rainbach-Schwarzkopf und Rainbachspitze. Durch die glatten Urgesteinswände und über die scharfen Grate führen schwierige Kletterwege. Die Richterhütte ist aufgrund ihrer Abgelegenheit ein kleines, „handliches" Schutzhaus geblieben, in schöner Lage auf einem Felskopf über dem innersten Rainbachkar.

Der Hüttenweg vom Schönangerl durch das Achental zum Tauernhaus und durch das Rainbachtal zur Richterhütte ist nicht zu verfehlen, immer geradeaus, und retour das gleiche.

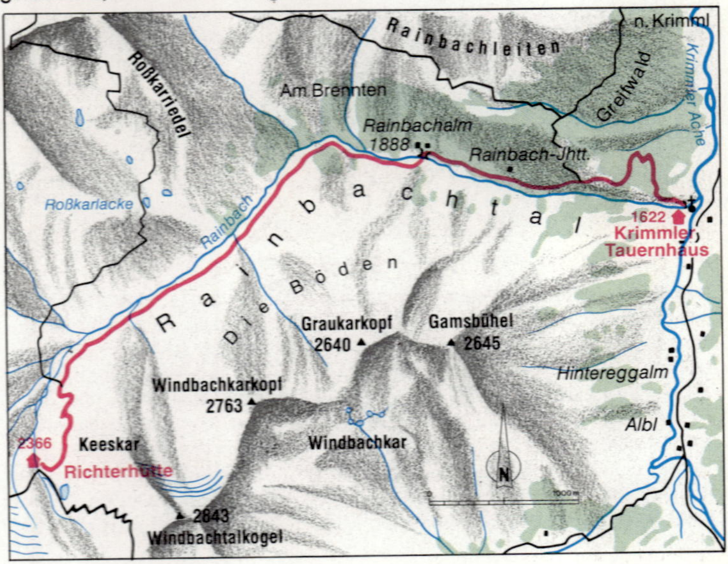

37 Leitenkammersteig

Durch die Zirbenwälder über dem Wildgerlostal

Gerlospaß – Gerlosplatte – Breitscharte – Wildkar-Hochalm – Trisselalm – Finkau – Gerlospaß

Talort: Gerlos, 1245 m, siehe Wanderung 32; oder Krimml, 1076 m, siehe Wanderung 35.
Ausgangspunkt: Gerlospaß, 1507 m; von Krimml her Mautstraße. Am günstigsten geht man von der westlichen Mautstelle aus, wo die alte Straße von Wald im Pinzgau einmündet und die Fahrstraße in die Finkau (siehe Wanderung 38) unter der neuen Paßstraße durchführt.
Parkmöglichkeit: Parkplatz an der Südseite der Unterführung.
Gehzeiten: Zur Breitscharte 1½ Std., Abstieg zur Trisselalm 1½ Std., kurzer Rückweg 1½ Std., längerer Rückweg um den Stausee herum 2 Std.
Anforderungen: Gute bezeichnete Steige und Wege.
Höchste Punkte: Breitscharte, 1925 m, Wildkar-Hochalm, 1970 m.
Einkehrmöglichkeiten: Finkau-Alm, Hotel Gerlosplatte.
Sehenswertes: Schöne Zirbenbestände an der Waldgrenze; Blicke auf die nördliche Reichenspitzgruppe; der Speichersee Durlaßboden, der sich fesch in die Kurve legt, die das Wildgerlostal zum Gerlostal hin macht.

Auf der Gerlosplatte, Blick über den Stausee nach Westen.

Vom Gerlospaß zur Trisselalm und in die Finkau: Vom Parkplatz durch die Unterführung zurück und an der Mautstelle vorbei etwa 10 Minuten an der Gerlos-Paßstraße entlang, bis nach rechts der Fahrweg zur Gerlosplatte abzweigt. Auf ihm durch den schütteren Wald hinauf zum Hotel Gerlosplatte, 1695 m. Weite Almböden bis zum Plattenkogel (siehe Wanderung 35). Kurz südwärts hinauf zur Weiglalm (Bergstation des kleinen Schlepplifts). Rechtshaltend leicht ansteigend durch die westlichen Abhänge des Plattenkogels in die Breitscharte, 1925 m. Man bleibt auf der Westseite und umgeht den kleinen Farmbühel in die Schneckenscharte, 1981 m. Der breite Weg endet bald und man folgt dem guten Steig über dem Tal etwas auf und ab südwärts. Bei der einsamen Wildkar-Hochalm, 1970 m, steigt man nach rechts sehr steil in vielen Kehren hinunter zum Talboden, den man bei der Trisselalm, 1584 m, erreicht. Auf dem breiten Talweg kurz talaus zum Ghs. Finkau-Alm, 1409 m.

Rückweg zum Gerlospaß: Am kürzesten auf dem Fahrsträßchen von der Finkau zurück zum Parkplatz bei der Unterführung; länger und lohnend ist die Umrundung des Stausees an der Westseite.

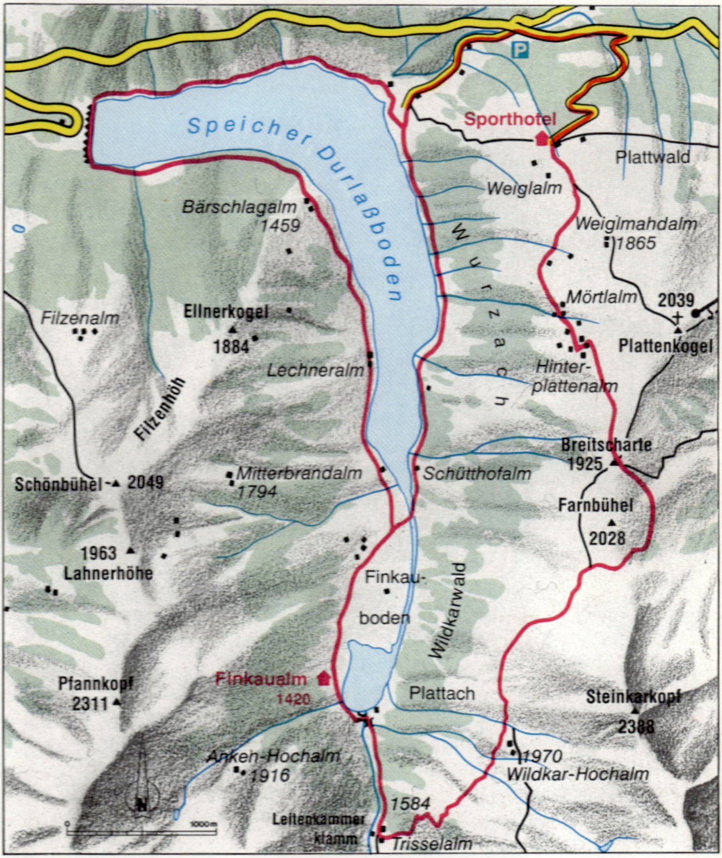

38 Zittauer Hütte, 2329 m

Zu den Moränenseen unter dem Wildgerloskees

Finkau – Wildgerlostal – Zittauer Hütte und zurück

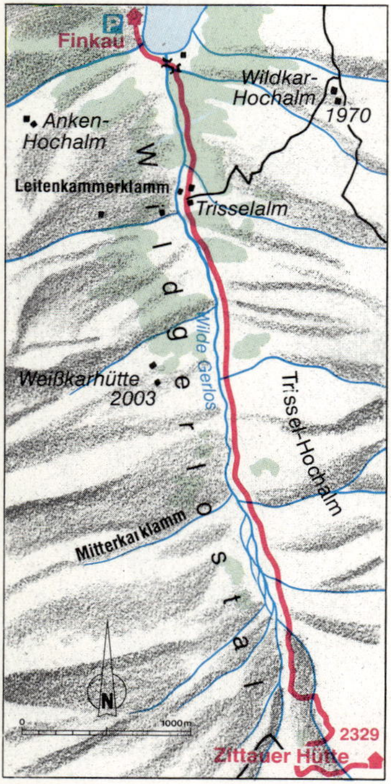

Talort: Gerlos, 1245 m, siehe Wanderung 32.
Ausgangspunkt: Gasthaus Finkau-Alm, 1409 m, am Ende der allgemein befahrbaren Straße ins Wildgerlostal (siehe Wanderung 37) am kleinen Finkau-Stausee gelegen.
Parkmöglichkeit: Parkplatz in der Finkau.
Gehzeiten: Anstieg zur Hütte 3 Std., Rückweg 2 Std.
Anforderungen: Der letzte Teil des Anstiegs zur Zittauer Hütte ist ausgesetzt und abschüssig, erfordert Trittsicherheit und gutes Schuhwerk!
Höchster Punkt: Zittauer Hütte, 2329 m.
Einkehrmöglichkeiten: Finkau, Zittauer Hütte.
Sehenswertes: Die Hütte steht in beeindruckender Lage auf einem Felsbuckel hoch über dem Talschluß des Wildgerlostals, am Nordufer des Unteren Gerlossees im Angesicht der wilden Nordabstürze der Reichenspitze, Wildgerlosspitze und Schneekarspitze.

Die in einzigartiger schöner Lage am Unteren Gerlossee gelegene Zittauer Hütte ist der Stützpunkt für alle Bergtouren in der nördlichen Reichenspitzgruppe. Aber auch ein Tagesausflug, der nur die Hütte zum Ziel hat, lohnt sich.

Anstieg zur Hütte: Von der Finkau auf dem breiten Fahrweg durch das zunächst bewaldete Tal zur Trisselalm (Drisslalm), wo der Leitenkammersteig zur Breitscharte abzweigt (Wanderung 37). Bald lichtet sich der Wald und der Weg – am reißenden Wildgerlosbach entlang – erreicht den flachen, breiten inneren Talgrund. Auch hier, wie meist in den Zillertaler Alpen, die vom Eiszeitgletscher geschaffene Talform eines U mit ungemein steilen, abgeschliffenen Talflanken. Den Talhintergrund beherrscht das Wildgerloskees mit Eisbrüchen und Firnfeldern, eingerahmt von den großen alten Seitenmoränen, die den weitesten Vorstoß der Gletscher (um 1850) markieren. Der breite Weg endet im Talgrund an der Station der Materialseilbahn. Nun auf schmalem Fußsteig über den Moränenrücken an die felsdurchsetzte Steilflanke und durch sie (teilweise Seilsicherungen; Vorsicht!) hinauf auf den flachen, vom Gletschereis glattgeschliffenen Rücken, auf dem die Hütte steht und von dem sich südwärts der Untere Gerlossee erstreckt. Über den Abfluß des Sees kurz nordwärts zur Hütte. Lohnend ist ein Gang am Ufer dieses hochalpinen Sees entlang.

Der Abstieg erfolgt auf gleichem Weg.

Die Zittauer Hütte; Abendstimmung am Unteren Gerlossee.

39 Arbiskogel, 2048 m

Reizvoller Gipfel im nördlichen Wimmerkamm

Gerlos – Arbiskogel – Lackenscharte – Lackengrubenalm – Pirchalm – Lackenalm – Stinkmoosalm – Gerlos

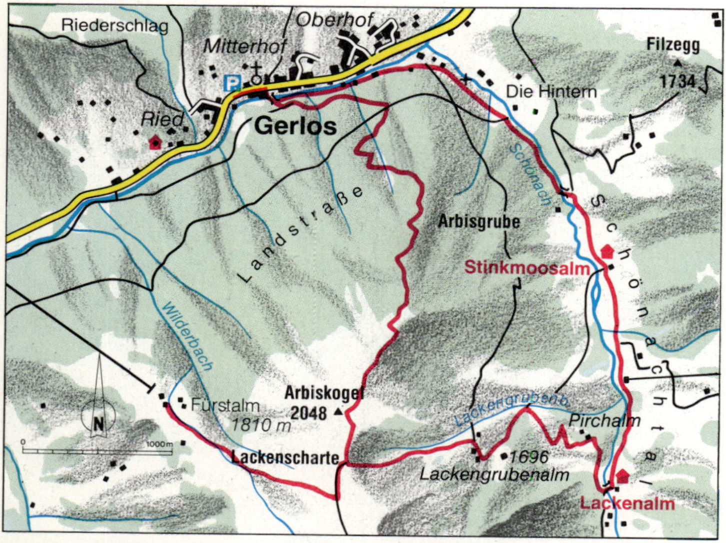

Talort: Gerlos, 1245 m, siehe Wanderung 32.
Ausgangspunkt: Bei der Pfarrkirche im Ort Gerlos.
Parkmöglichkeit: Im Ort (vor dem Gemeindeamt); oder Talstation Fürstalmbahn.
Gehzeiten: Gerlos – Arbiskogel 2½ Std., Abstieg zur Lackenalm 1 Std., zurück nach Gerlos 1 Std.
Anforderungen: Gut bezeichnete Wald- und Almsteige.
Höchste Punkte: Arbiskogel, 2048 m, Lackenscharte, 2020 m.
Einkehrmöglichkeiten: Jausenstationen Lackenalm, Stinkmoosalm.
Sehenswertes: Schöne Blicke auf den Schönachkamm und die nordwestliche Reichenspitzgruppe.

Aufstieg zum Arbiskogel: Von der Kirche in Gerlos nach Süden über den Bach, bei Wegweiser gleich links ab und im Wald (Markierung 7 folgend) empor, wobei man einige Forstwege quert. Weiter über den Rücken bis zur Waldgrenze und zuletzt über freies Gelände zum höchsten Punkt. Oder von der Fürstalmbahn-Bergstation (Talstation an der Straße 2 km vor Gerlos) in ¾ Std. ostwärts über die freien Almhänge.

Abstiegsmöglichkeiten: Vom Arbiskogel kurz südwärts absteigen in die Lackenscharte, von hier mehrere Möglichkeiten. (Die 2312 m hohe Kirchspitze kann von hier in 3/4 Std. bestiegen werden.) Nach Westen hinunter zur Fürstalm, von hier mit der Fürstalm-Sesselbahn ins Tal zwischen Gerlos und Gmünd. Oder zu Fuß gegen Gmünd absteigen und auf dem Waldweg Nr. 7A (Abzweigung am Eingang des Wimmertals nach rechts, Wegweiser) zurück nach Gerlos. – Nach Osten steigt man von der Lackenscharte dem Lackengrubenbach entlang ab (Bezeichnung Nr. 7) zur Lackengrubenalm, 1696 m, und weiter zur Pirchalm und ins Tal, das man bei der Lackenalm (Jausenstation) erreicht. Auf dem breiten Talweg vorbei an der Stinkmoosalm (Jausenstation) zurück nach Gerlos. Von der Lackengrubenalm kann man auch direkt auf einem Waldweg nach Gerlos zurückgehen.

Alm im Schönachtal, im Hintergrund die Wildgerlosspitze.

40 Wimmertal

Liebliche Almen vor rauhem Hintergrund

Gmünd – Wimmertalalm – Gründlochalm – Grundhütte und zurück

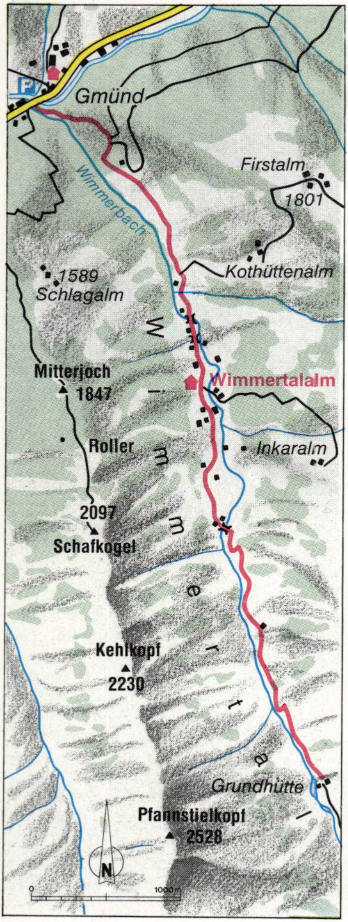

Talort: Gmünd, 1204 m, Ortsteil von Gerlos an der Mündung des Wimmertals in das Gerlostal, östlich über dem kleinen Speichersee Gmünd. Gasthof.
Ausgangspunkt: Abzweigung des Fahrwegs ins Wimmertal beim Gasthof an der Brücke.
Parkmöglichkeit: Im Ort Gmünd.
Gehzeiten: Gmünd – Grundhütte 2 Std., Rückweg 1 1/2 Std.
Anforderungen: Bequemer, breiter Talweg.
Höchster Punkt: Wimmer Grundhütte, 1685 m.
Einkehrmöglichkeiten: In Gmünd; Jausenstation Wimmertalalm.
Sehenswertes: Das Wimmertal ist ein einsames Bergtal, von steilen, düsteren, sehr selten bestiegenen Gipfeln eingerahmt: dem Schwarzachkamm im Westen und dem Wimmerkamm im Osten. Nach innen wird das Tal zunehmend öde und steinig. Auch der Übergang über die Wimmerscharte ins Zillergründl ist mühsam, weglos und wird nur selten ausgeführt. Bis auf Almkühe und Murmeltiere wird man in diesem Hochtal selten Lebewesen vorfinden.

Der Weg ins Wimmertal: Vom Gasthaus in Gmünd zweigt der Fahrweg ins Tal neben der Brücke über den Gerlosbach von der Bundesstraße nach Süden ab. Zuerst geht es leicht ansteigend durch den Wald am Eingang des Wimmertals hinauf. Bald gelangt man zur Abzweigung des Wegs 7A nach Gerlos (vgl. Wanderung 39), danach lichtet sich der Wald, der Weg zieht eben durch die weiten Almböden der Egghentenalm, 1358 m, hinein zur Wimmertalalm, 1375 m, mit Jausenstation. Von hier geht es noch kurz über den weiten, ebenen Wiesenboden talein zur Zettachbrunnquelle. Nun über eine teils bewaldete und blockübersäte Talstufe hinauf zur Gründlochalm. Bald bleibt der letzte Baum zurück, der Talboden wird steiniger und mehr und mehr von den Schotterbänken und Armen des Wimmerbachs dominiert, dessen Hauptwassermenge neuerdings durch einen Stollen ins Zillergründl abgeleitet wird. Schließlich gelangt man zu den aus rohem Stein geschichteten alten Hütten der Wimmer Grundhütte, 1685 m. Natürlich läßt sich die Wanderung beliebig weiter in den Talhintergrund fortsetzen; der Fußweg verliert sich immer öfter im Blockwerk, die düsteren Kare und Felsflanken des Talschlusses rücken näher. Im Herbst liegt bald das ganze Tal im Schatten.

Der Rückweg erfolgt auf gleichem Weg.

Spätherbst in Gmünd; Blick nach Süden ins Wimmertal.

41 Seespitz, 2350 m

Von der Kühlen Rast auf den Zillerkamm

Kühle Rast – Weißbachlalm – Seespitz – Brandberger Joch – Schwarzachalm – Schwarzachgrund – Kühle Rast

Talort: Gerlos, 1245 m (Wanderung 32) oder Hainzenberg, 929 m, Streusiedlung am Eingang des Gerlostals südlich über Zell am Ziller; von dort auf der gut ausgebauten Gerlos-Paßstraße in mehreren Kehren.
Ausgangspunkt: Kühle Rast, 1191 m, alter Gasthof an der Straße bei der Einmündung des Schwarzachgrunds in das Gerlostal, zwischen Hainzenberg und Gerlos.
Parkmöglichkeit: Parkplatz beim Ghf. Kühle Rast.
Gehzeiten: Aufstieg zum Seespitz 3½–4 Std., Rückweg 2–2½ Std.
Anforderungen: Gut bezeichnete Almwege und Steige; für die 1200 m Höhenunterschied Ausdauer erforderlich.
Höchste Punkte: Brandberger Joch, 2307 m, Seespitz, 2350 m.
Einkehrmöglichkeiten: Kühle Rast, Jausenstation Untere Schwarzachhütte.

Sehenswertes: Die einsamen Almen und Berge des Schwarzachgrunds; von Seespitz und Brandberger Joch Ausblick auf die mittleren Zillertaler Alpen.

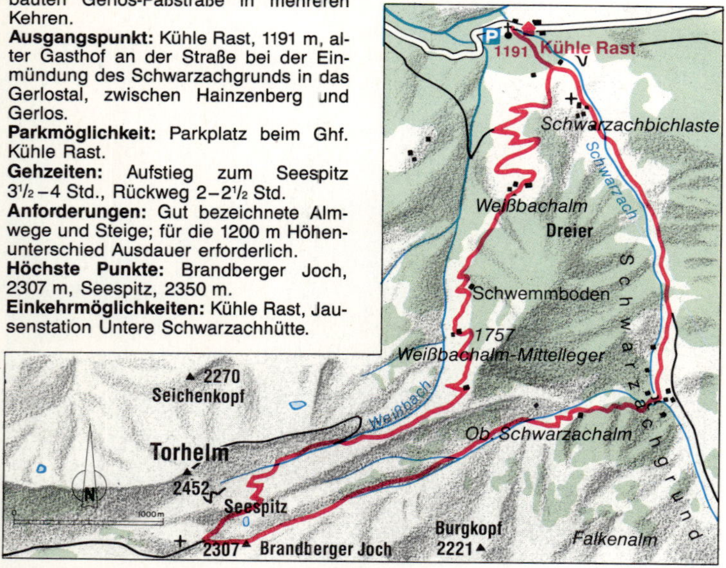

Aufstieg zum Seespitz: Von der Kühlen Rast geht man kurz auf dem Talweg in Richtung Schwarzachgrund; auf der Lichtung der Schwarzach-Bichlalm zweigt man auf dem Fußweg in der Nähe des Schlepplifts rechts ab. Über die Wiesen und durch ein Waldstück hinauf zur Weißbachlalm, 1543 m. Von hier zieht der Weg durch Wald hinein in das kleine Weißbachtal zum Weißbachl-Mitterleger, 1757 m. Von den Almhütten folgt man dem Fahrweg südwärts hinauf. Weiter auf dem Fußweg südwestwärts, den Bach zweimal überschreitend, gegen den Torhelm und zuletzt in Kehren von Nor-

Auf der Unteren Schwarzachalm.

den auf den Seespitz, eine kleine grasige und schrofige Erhebung kurz nördlich über dem Brandberger Joch, mit kleinem See. (Der Torhelm, ein schöner Aussichtsberg, 2452 m, kann von hier über die Grashänge in 20 Minuten unschwierig erstiegen werden.)

Abstieg durch den Schwarzachgrund: Vom Seespitz kurz südwärts hinunter zum Brandberger Joch, 2307 m, einem alten Übergang von Brandberg in das Gerlostal (siehe auch Wanderung 44). Der Weg (ebenso wie der Aufstiegsweg mit 8/513 bezeichnet) führt durch ein kleines Tal, das parallel zu dem im Anstieg beschriebenen verläuft, nach Nordosten abwärts zur Oberen Schwarzachalm, 1635 m, und – die weite Kehre des Fahrwegs abkürzend – hinunter in den Schwarzachgrund zur Unteren Schwarzachalm und zur Jausenstation, 1378 m. Auf dem Talweg stets in der Nähe des Bachs talaus zurück zur Kühlen Rast.

42 Gerlossteinwand, 2166 m, und Hochfeld, 2350 m

Aussichtsreiche Kammwanderung zwischen Gerlostal und Zillergründl

Gerlossteinhaus – Gerlossteinwand – Hochfeld – Geißkopf und zurück

Talort: Hainzenberg, 929 m, siehe Wanderung 41.
Ausgangspunkt: Bergstation der Gerlossteinbahn, 1645 m. Die Talstation befindet sich, von der Straße gut sichtbar, etwas südlich über der Hauptansiedlung von Hainzenberg, beim Ghs. Hainzenberger Hof.
Parkmöglichkeit: Großer Parkplatz an der Straße.
Gehzeiten: Bergstation – Gerlossteinwand 1½ Std., Übergang zum Geißkopf 1 Std., Abstieg zur Bergstation 1½ Std.
Anforderungen: Gute, bezeichnete Bergpfade.
Höchste Punkte: Gerlossteinwand, 2166 m, Hochfeld, 2350 m, Geißkopf, 2277 m.
Einkehrmöglichkeit: Gerlossteinhaus.
Sehenswertes: Herrliche Rundsicht auf die Zillertaler, die Tuxer und die Kitzbüheler Berge.

Auf dem Gipfel des Hochfelds.

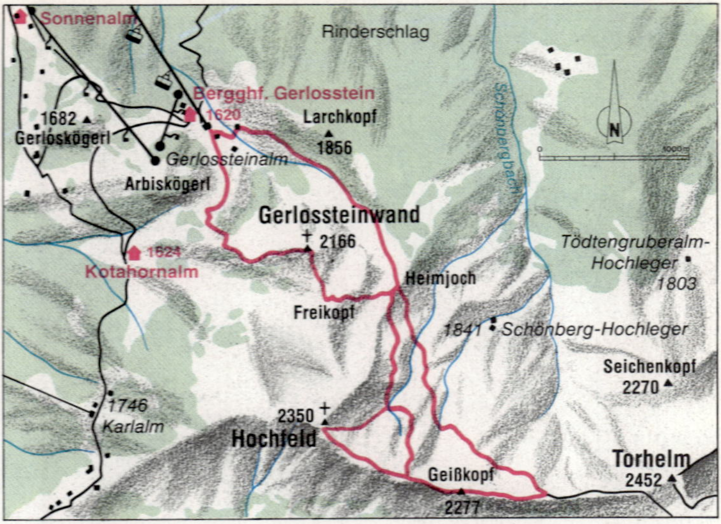

Zum Gerlossteinhaus: Wer nicht mit der Seilbahn fahren möchte, für den gibt es mehrere markierte Fußwege dorthin, und zwar von Zell am Ziller über Maria Rast und die Sonnenalm, von Ramsberg über die Sonnenalm oder die Kotahornalm, von Hainzenberg selbst auf dem Fahrweg (von der Talstation weg) zur Sonnenalm und weiter auf dem Fußweg, oder vom Ötschenwirt an der Gerlos-Bundesstraße östlich von Hainzenberg.

Vom Gerlossteinhaus zur Gerlossteinwand: Vom Haus bzw. der etwas oberhalb gelegenen Seilbahn-Bergstation umgeht man die düstere Felswand, die südlich davon aufragt, an der Westseite (rechts im Sinne des Aufstiegs) auf dem mit Nr. 8 bezeichneten Weg. Durch Latschengassen führt der Steig auf den Westgrat und zum Gipfel der Gerlossteinwand, mit Kreuz.

Von der Gerlossteinwand zum Hochfeld und zum Geißkopf: Von der Gerlossteinwand auf markiertem Steig nach Südosten hinunter auf die Almflächen des Schönberg-Hochlegers. Hier auf Steig und Steigspuren südw. über die Böden und Hänge auf den Kamm östl. des Hochfeld-Gipfels, der von Trittsicheren von hier in steilem, aber gut gangbarem Gelände erstiegen werden kann. Kurz ostwärts im Kamm der grüne Gipfel des Geißkopfs.

Abstieg: Vom Geißkopf kurz ostwärts auf dem bezeichneten Weg über die grünen Böden nordwestlich hinaus zur Bergstation der Gerlossteinbahn.

43 Ramsberg, 1256 m

Besinnliche Mittelgebirgswanderung

Ramsau – Maria Rast – Ried – Schmalegg – Brindling – Unterbichl – Ramsau

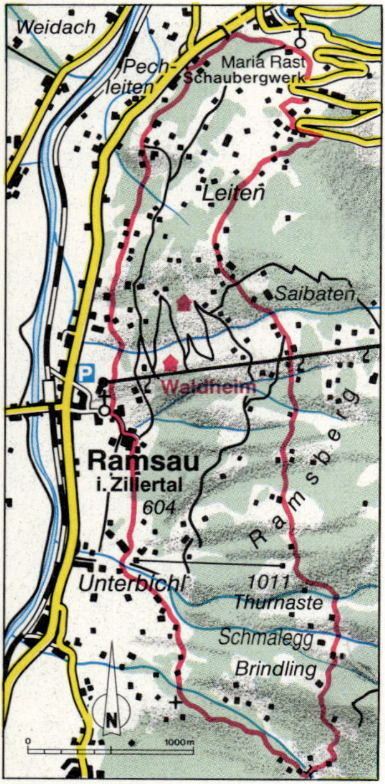

Talort: Ramsau, 604 m, an der neuen Zillertalstraße zwischen Zell am Ziller und Mayrhofen, weit verstreute Bergbauernhöfe am Ramsberg östlich über dem Tal. Hübsche Pfarrkirche auf kleinem Hügel „Zu den sieben Schmerzen Mariens".
Ausgangspunkt: Im Ort Ramsau.
Parkmöglichkeit: Im Ort und am Nordrand bei der Talstation des Ramsberglifts.
Gehzeiten: Nach Maria Rast ¾ Std., nach Brindling 1½ Std., Abstieg nach Ramsau 1 Std.
Anforderungen: Meist breite, bequeme Wege.
Höchster Punkt: Schmalegg, 1200 m.
Einkehrmöglichkeiten: Ghs. Maria Rast.
Sehenswertes: Wallfahrtskirchlein Maria Rast, südlich über Zell nahe der Gerlosstraße, 1739 in der jetzigen Form erbaut. Nach der Legende sah die Bäuerin vom Flörlhof im Traum eine Marienstatue in einer hohlen Esche. Sie fand später das Bildnis und brachte es in eine Kapelle oberhalb der jetzigen Kirche, was bald ein blühendes Wallfahrtswesen nach sich zog. Schaubergwerk am Hainzenberg.

Ähnlich wie bei den früher beschriebenen Bergbauernsiedlungen am Hartberg, Zellberg, Gattererberg usw. bieten sich auch am Ramsberg beschauliche Wanderungen von Hof zu Hof; je nach Lust und Kondition kann man die Runde länger oder kürzer ausfallen lassen. Die bequemste Lösung ist die Auffahrt mit dem Ramsberglift auf 1350 m zur Sonnenalm, von wo man auf verschiedenen Wegen ins Tal zurückgehen kann. Wir schlagen aber eine weitere Runde über das Mittelgebirge vor.

Von Ramsau nach Maria Rast: Von der Kirche am Fahrsträßchen ostwärts aus dem Dorf. Der Weg steigt nordwärts am Talhang an und leitet (mit Nr. 4 bezeichnet) am Hang entlang über Wiesen und durch Wald überm Tal gegen

Zell hinaus. An der Wegteilung beim Schweiberhof rechts und der Markierung Nr. 7 folgend zum Kirchlein Maria Rast über dem schluchtartigen Ausgang des Gerlostals.

Rückweg über den Ramsberg: Neben den weiten Kehren der Gerlosstraße auf Weg Nr. 8 durch die Wiesen des Hainzenbergs hinauf, bei der letzten Kehre rechts ab und auf dem mit 2, später mit 5 bezeichneten Weg über die Höfe des Ramsbergs nach Süden. Den höchsten Punkt erreicht man bei Schmalegg; von dort geht es zuerst am Fahrweg zu den Höfen von Brindling hinunter, dann auf Fußweg steil hinunter ins Tal, das man beim Ortsteil Unterbichl erreicht. Von hier kurz durch die Wiesen zurück nach Ramsau.

Pfarrkirche Zu den sieben Schmerzen Mariens in Ramsau.

44 Brandberger Kolm, 2700 m

Steiler Gipfel über dem Zillergründl

Brandberg – Ahornach – Kolmhaus – Brandberger Kolm und zurück

Talort: Brandberg, 1082 m, Bergbauerngemeinde, sehr schön gelegen am Sonnenhang über dem vorderen Zillergründl, auf zum Teil steiler, aber gut ausgebauter Bergstraße von Mayrhofen erreichbar.
Ausgangspunkt: Ortsmitte Brandberg; die Fahrwege zu den oberen Höfen sind für den allgemeinen Verkehr gesperrt.
Parkmöglichkeit: Parkplatz bei der Kirche in Brandberg (Hinweistafeln).
Gehzeiten: Brandberg – Brandberg-Kolmhaus 2½ Std., Kolmhaus – Brandberger Kolm 2½–3 Std., Abstieg nach Brandberg 2½–3 Std.
Anforderungen: Die Besteigung des Kolms (1700 Höhenmeter von Brandberg) in einem Tag erfordert viel Ausdauer und im Anstieg zum Gipfel auch Trittsicherheit. Gemütlicher ist der Aufstieg bei Nächtigung im Kolmhaus (tel. Vorbestellung!).
Höchster Punkt: Brandberger Kolm, 2700 m.
Einkehrmöglichkeiten: In Brandberg, Ahornach, Brandberg-Kolmhaus.
Sehenswertes: Vom Gipfel außergewöhnlich schöne Rundsicht auf Kitzbüheler, Tuxer und Zillertaler Berge.

Von Brandberg zum Kolmhaus: Hat man genug Zeit zur Verfügung, ist es natürlich wesentlich geruhsamer, diese erste Etappe am Vortag der Gipfelbesteigung zu unternehmen und auf dem Kolmhaus zu nächtigen. Die privat bewirtschaftete Hütte ist von Pfingsten bis Mitte Oktober geöffnet und hat zwanzig Betten (telefonische Auskunft 05285/3175).
Will man die ganze Tour in einem Tag unternehmen, sind gute Kondition und entsprechend zeitiger Aufbruch unerläßlich.
Vom Parkplatz zurück zur Hauptstraße, nun rechts und bald auf dem bezeichneten Weg Nr. 513 bergwärts über die steilen Wiesen hinauf zu den Höfen von Ahornach. Kurz dem Fahrweg folgen zu den letzten Bauernhäu-

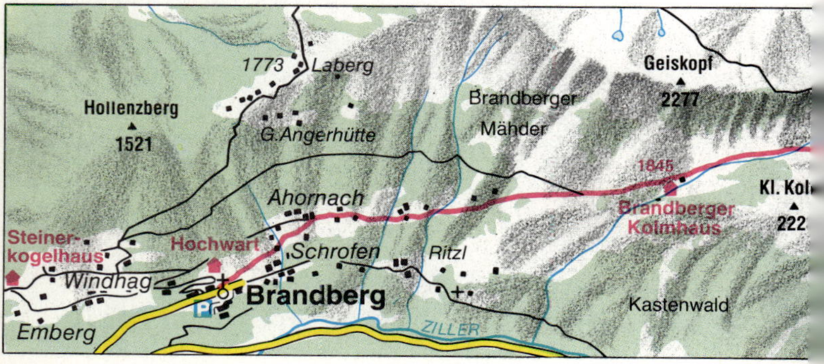

Brandberger Kolm von Westen.

sern. Weiter am bezeichneten Fußweg, einige Bäche überschreitend, über die freien Hänge empor. Beim Rainbrunnen mündet der Steig vom Steinerkogelhaus ein. In einigen weiteren Serpentinen hinauf zur Hütte.

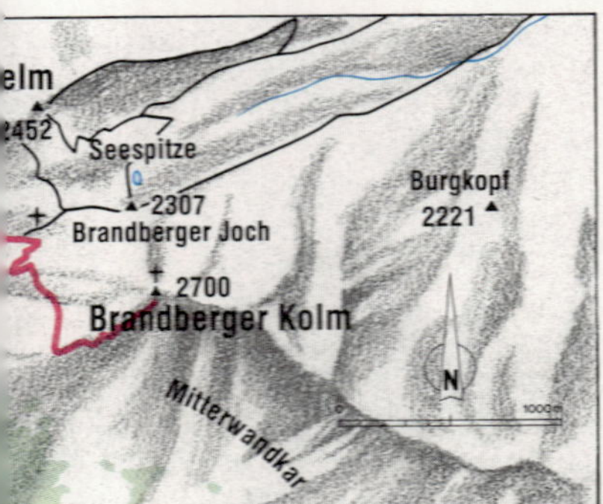

Vom Kolmhaus auf den Brandberger Kolm: Von der Hütte in Richtung Osten durch das Brandberger Kar ansteigen gegen das Brandberger Joch (siehe auch Wanderung 41). Etwa 100 Höhenmeter unter dem Joch biegt man nach rechts ab und geht auf dem schmalen Steig hinaus in die Südflanke des Kolms. Über die steilen Schutthänge erreicht man schließlich von Südwesten den Gipfel.

Der Abstieg erfolgt auf gleichem Weg.

45 Steinerkogel, 1263 m

Steiler Ausguck über Mayrhofen

Mayrhofen – Steinerkogel – Ritzl – Brandberg – Emberg – Mayrhofen

Talort: Mayrhofen, 633 m, Hauptort des hinteren Zillertals, von wo die „Gründe" genannten Nebentäler ausgehen. Endstation der Zillertalbahn, Postautobahnhof für Verbindungen in die Nebentäler (am Bahnhof). Großer, rühriger Fremdenverkehrsort, Sommer- und Wintersport. Seilbahnen zum Penken und zur Filzenrast (Ahornbahn). Veranstaltungszentrum Europahaus. Bis 1801 gehörte Mayrhofen zur Gemeinde Brandberg (damals „Pramberg").
Ausgangspunkt: Am östlichen Ortsrand von Mayrhofen (Waldcafé).
Parkmöglichkeit: Im Ort oder an der Brandbergstraße beim Waldfestplatz.
Gehzeiten: Mayrhofen – Steinerkogel 2 Std., Rundweg über Ritzl nach Emberg 1 Std., Abstieg nach Mayrhofen 1 Std.
Anforderungen: Im Anstieg zum Steinerkogel sehr steiler Waldweg, sonst bequeme Wege durch Wiesen und Wald.
Höchste Punkte: Steinerkogel, 1263 m, Höfe von Brandberg 1100–1200 m.
Einkehrmöglichkeiten: Steinerkogelhaus, Gasthöfe in Brandberg sowie in Mayrhofen.
Sehenswertes: Vom Steinerkogel schöne Aussicht über das innere Zillertal; die hoch gelegenen Bergbauernhöfe von Brandberg mit ihren bemerkenswert steilen Wiesen.

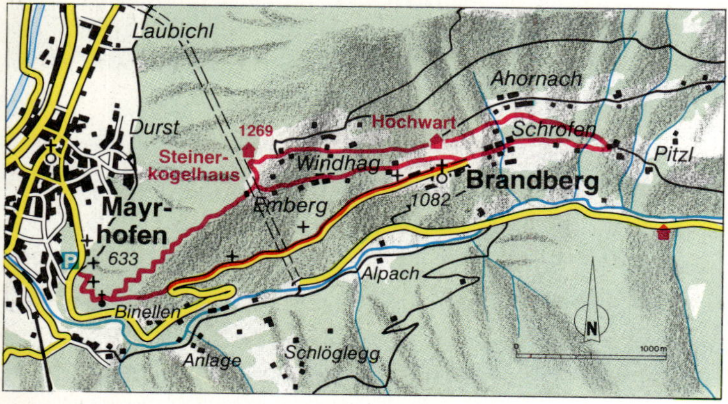

Aufstieg über das Brandberger Eck zum Steinerkogel: Der mit 5/513 numerierte Weg beginnt südlich des Waldfriedhofs. Vom Friedhof durch den Wald kurz nach Süden und nach links zum Steilaufschwung des Brandberger Ecks, dem bewaldeten und von Schrofen durchsetzten Rücken, mit dem der Zillerkamm gegen Mayrhofen abfällt. Der Weg, mit Kreuzwegtafeln geschmückt, zieht in vielen Kehren durch den Steilwald zur Brandberger

Kapelle, die etwa das erste Drittel des Weges markiert. Kurz unterhalb des Steinerkogels tritt man auf eine schöne Lichtung und kommt auf die sich weit gegen den Brandberger Kolm hinziehenden Wiesen von Brandberg. Links hinauf zum Steinerkogelhaus, in schöner Lage über Mayrhofen.

Bei Brandberg; Blick in den Zillergrund.

Die Brandberg-Runde: Vom Steinerkogelhaus auf dem Fahrweg ostwärts hinüber zu den Höfen von Stein, die mit 1321 m zu den höchsten Bergbauernhöfen der Gegend zählen. Weiter dem Sträßchen folgend über dem Tal einwärts. Bevor man zu den Höfen von Ahornach gelangt, zweigt rechts der beschilderte Waldweg zu den Ritzlhöfen ab. Auf ihm abwechslungsreich durch Wald und Wiesen nach Ritzl. Auf der Fahrstraße zurück nach Brandberg. Den Schildern „Steinerkogelhaus“ folgend über die Wiesen nach Westen hinaus, bis man unter dem Steinerkogel wieder auf den Anstiegsweg von Mayrhofen trifft.

Der Abstieg erfolgt auf diesem Weg nach Mayrhofen. (Man kann auch vom Ort Brandberg auf der Fahrstraße in Richtung Mayrhofen bis zur ersten Kehre gehen; von dort führt ein Fußweg zur Brandberger Kapelle.)

46 Ahornspitze, 2973 m

Der Hausberg von Mayrhofen

Filzenrast – Edelhütte – Ahornspitze und zurück

Der Ahornspitze-Nordgipfel.

Talort: Mayrhofen, 633 m, siehe Wanderung 45.
Ausgangspunkt: Filzenrast, 1960 m, Gasthof und Bergstation der Ahornbahn. Die Talstation befindet sich am südlichen Ortsrand von Mayrhofen, am Anfang der Straße in den Stilluppgrund.
Parkmöglichkeit: Großer Parkplatz an der Seilbahn-Talstation.
Gehzeiten: Filzenrast – Edelhütte 1 Std., Edelhütte – Ahornspitze 2½ Std., Abstieg zur Filzenrast 2–2½ Std.
Anforderungen: Gut bezeichnete Steige; am Gipfelaufbau der Ahornspitze gibt es abschüssige Stellen, Trittsicherheit und gutes Schuhwerk sind hier absolut erforderlich.
Höchster Punkt: Ahornspitze, 2973 m.
Einkehrmöglichkeiten: Filzenrast und Bergstation-Restaurant „Panorama“, Edelhütte. Wirtshaus Alpenrose im Abstieg von der Edelhütte nach Mayrhofen.
Sehenswertes: Bei klarem Wetter genießt man von der Ahornspitze eine einzigartige Rundsicht über Zillertaler Alpen und Tuxer Voralpen, insbesondere auf die Reichenspitzgruppe, den Ahornkamm und den Floitenkamm.

Durch die Ahornbahn von Mayrhofen relativ leicht erreichbar gemacht, zählt die Ahornspitze zu den beliebtesten, am häufigsten bestiegenen Aussichtsbergen im Zillertal. An schönen Sommertagen pilgern wahre Karawanen von Bergwanderern von der Filzenrast zur Edelhütte und viele noch weiter bis auf den Gipfel. An den heiklen Stellen am Gipfelaufschwung kommt es dann nicht selten zu skurrilen, aber auch gefährlichen Situationen wegen Überfüllung und der mangelnden Trittsicherheit einzelner. Auch auf Steinschlag sollte hier geachtet werden.

Aufstieg von der Filzenrast: Von der Seilbahnstation den Hinweisschildern folgend über den welligen flachen Rücken bis vor den grünen Aufschwung des Filzenkogels, der von hier auf einem Steig erstiegen werden kann. Hier nach links in die Nordflanke, unter dem Föllenbergkar durch und im Bogen hinauf zu der schon von weitem sichtbaren Edelhütte. Von der Hütte steigt man auf gutem Steig stets ostwärts gegen den felsigen Westrücken der Ahornspitze an; zuletzt durch felsiges, nicht ungefährliches Gelände in Kehren zur Scharte zwischen den zwei Gipfeln, aus der man kurz über Blockwerk den Nord- (mit Kreuz) und den Südgipfel erreicht.

Abstieg: Am einfachsten auf gleichem Weg zurück zur Filzenrast. Von der Edelhütte kann man über die Föllenbergalm und das Wirtshaus Alpenrose auf schönem Fußweg nach Mayrhofen absteigen, ebenso von der Filzenrast über das Gasthaus Wiesenhof – was manchmal nötig wird, wenn man die letzte Talfahrt der Seilbahn (um 17 Uhr) versäumt hat.

47 Kasseler Hütte, 2177 m

Durch den Stillupgrund bis unter den Alpenhauptkamm

Gasthaus Wasserfall – Stilluphaus – Grüne-Wand-Hütte – Kasseler Hütte und zurück

Talort: Mayrhofen, 633 m, siehe Wanderung 45.
Ausgangspunkt: Gasthaus Wasserfall, 1130 m, Ende der Mautstraße von Mayrhofen, Busverkehr von Mayrhofen (Gemeindeamt). Dazu gibt es einen Kleinbusverkehr von Mayrhofen zur Grüne-Wand-Hütte (Abfahrt 8.00, 10.00, 11.30 Uhr vom Hotel Berghof und vom Reisebüro „Reisen + Freizeit"), was den Weg zur Hütte um etwa die Hälfte verkürzt.
Parkmöglichkeit: Am Ende der Mautstraße beim Stillup-Stausee.
Gehzeiten: Wasserfall – Grüne-Wand-Hütte 2 Std., zur Kasseler Hütte 2 Std., Rückweg Kasseler Hütte – Wasserfall 3 Std.
Anforderungen: Im Tal Fahrweg, zur Hütte guter, bezeichneter Steig.
Höchster Punkt: Kasseler Hütte, 2177 m.
Einkehrmöglichkeiten: Gasthaus Wasserfall, Stilluphaus, Grüne-Wand-Hütte, Kasseler Hütte.
Sehenswertes: Der Talschluß des Stillupgrunds mit den kühnen Gipfeln und wildzerrissenen Gletschern des Alpenhauptkamms und des Ahorn- und Floitenkamms.

Der Stillupgrund ist der am tiefsten eingeschnittene und am wenigsten besiedelte der vier Zillertaler Gründe. Er fällt mit einer Steilstufe, von der wilden Stillupklamm durchbrochen, in den Talkessel von Mayrhofen ab. Innerhalb der Klamm erweitert er sich zu einem grünen Almtal, das in südöstlicher Richtung gerade zu den Eisbergen des Hauptkamms emporzieht. Der 2 km lange Stillup-Speichersee (zum Kraftwerkskomplex Schlegeis gehörend) liegt auf halbem Weg zum Talgrund. Über die gewaltigen Bergwände zu beiden Seiten stürzen Wasserfälle. Darüber schauen die Felshörner des Floitenkamms (westlich) und des Ahornkamms herab.

Der Weg zur Kasseler Hütte: Der Weg ist mit 515 bezeichnet; vom Gasthaus Wasserfall folgt man der Fahrstraße am See entlang und stets im Talgrund nahe dem Stillupbach, vorbei an der Steineraste, 1193 m, zum Stilluphaus, 1192 m, weiter zur Birbergaste, 1252 m, und zur Grüne-Wand-Hütte, 1438 m, auf der Taxacher Alm.
Von der Grüne-Wand-Hütte am Fahrweg talein bis in den Talschluß. Nun links (ostwärts) zwei Kehren hinauf zur Talstation der Materialseilbahn. In vielen Kehren weiter steil hinauf; zur Rechten der Graben des Sonntagskarbachs. Nach rechts über den Bach, weiter in Kehren aufwärts, südwärts hinein und zuletzt nochmals in Serpentinen ansteigend zur schön im Angesicht der Löffler-Nordostflanke gelegenen Hütte. Von der Hütte können tüchtige Geher noch auf dem AV-Weg 502 in Richtung auf das Stangenjoch zum Östlichen Stillupkees vordringen.

Der Abstieg erfolgt auf gleichem Weg.

Wasserfall
eicher Stillup
Popbergalm
1703
Popbergspitze
2891
Popbergeggl
2360
Hasenkar
Wilhelmer
2937
Nofertenschneid
Mugler
2958
Nofertenkar
Hasenkaralm
Steineraste
Hennsteigenkamm
Nofertenalm
1192
Stilluphaus
Waldlalm
Rebenzaunhütte
S t i l l u p g r u n d
2137
Weißkareggl
Birbergaste
1252
Weißkar
Finsterkarl
Schindhütte
1324
Samerkar
Grüne-Wand-Hütte
1436
Taxachalm
Birbergkar
N
Lapenkar
2178
Kasseler Hü

48 Schönhüttenalm, 1711 m

Vom Wirtshaus in der Au in den Sundergrund

In der Au – Kainzenalm – Schönhüttenalm und zurück

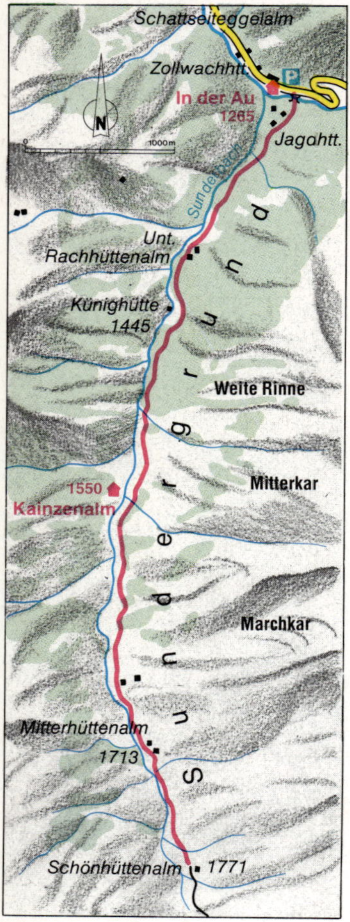

Talort: Mayrhofen, 633 m, siehe Wanderung 45.
Ausgangspunkt: Wirtshaus in der Au, 1265 m, an der Mündung des Sundergrunds in den Zillergrund. Mautstraße von Mayrhofen; Busverkehr von Mayrhofen (Bahnhof); Abfahrtszeiten: 7.35, 9.23, 11.15, 15.30 Uhr.
Parkmöglichkeit: Parkplatz beim Gasthaus in der Au.
Gehzeiten: In der Au – Kainzenalm 1¼ Std., Kainzenalm – Schönhüttenalm 1 Std., Rückweg insgesamt 1½–2 Std.
Anforderungen: Breiter, bequemer Talweg.
Höchste Punkte: Mitterhüttenalm, 1713 m, Schönhüttenalm, 1711 m, evtl. Hörndljoch, 2553 m.
Einkehrmöglichkeiten: In der Au, Jausenstation Kainzenalm.
Sehenswertes: Wildes, einsames Hochtal, eingerahmt von den Fels- und Eisgipfeln des Ahorn- und Riblerkamms (im Osten).

Der Weg in den Sundergrund: Vom Wirtshaus in der Au auf der Talstraße kurz taleinwärts, bis der Weg in den Sundergrund nach rechts abzweigt. Über die Brücke, an den letzten dürftigen Bauernhöfen des Tals vorbei und über die waldige Steilstufe hinauf, mit der der Sundergrund in den Zillergrund mündet. Bald wird der Weg wieder flach, der Wald lichtet sich, zur Rechten stürzt ein wilder Wasserfall über die felsige Talflanke zwischen riesigen Gletscherschliffen und dem von Wetter und Lawinen gezausten Wald. Bald erreichen wir die Untere Rachhüttenalm; zwischen gewalti-

Die Untere Rachhüttenalm im Sundergrund.

gen Felsblöcken ducken sich die Hütten am Talboden. Im Süden tauchen die Gletscherberge des südlichen Ahornkamms auf. Stets nahe am rauschenden Sunderbach geht es talein, vorbei an der Künighütte, zur Kainzenalm, 1550 m (mit Jausenstation), an der westlichen Talseite. Weiter führt der Weg durch das zunehmend kahle, einsame Almtal zur Mitterhüttenalm, 1713 m, und zur verfallenen Schönhüttenalm, 1711 m. Wer will, kann natürlich noch weiter bis zum Talschluß und gegen das Hörndljoch, 2553 m, vordringen, einen selten benutzten Übergang über den Hauptkamm in das Südtiroler Ahrntal.

Der Rückweg erfolgt auf dem gleichen Weg.

49 Hundskehljoch, 2557 m

Von Bärenbad durch den Hundskehlgrund zum Alpenhauptkamm

Bärenbad – Sulzenalm – Mitterhütten – Hundskehljoch und zurück

Talort: Mayrhofen, 633 m, siehe Wanderung 45.
Ausgangspunkt: Bärenbad, 1450 m, der letzte Gasthof im Zillergrund, wo der Hundskehlgrund von Süden mündet, am Nordrand der Talweite unter dem eindrucksvollen Damm des Speichers Zillergründl. Zufahrt vgl. Wanderung 48.
Parkmöglichkeit: Bei der Schranke an der Talstraße beim Ghf. Bärenbad.
Gehzeiten: Bärenbad – Hundskehljoch 4–5 Std., Rückweg 2–3 Std.
Anforderungen: Gut bezeichnete Wege und Steige, einige Ausdauer erforderlich.
Höchster Punkt: Hundskehljoch, 2557 m.
Einkehrmöglichkeit: Nur im Ghf. Bärenbad.
Sehenswertes: Der Hundskehlgrund ist ein einsames, wildes Hochtal zwischen Ribler- und Magnerkamm (im Osten).

Der grüne Boden bei Bärenbad gegen Westen.

In den letzten Jahren tauchte immer wieder die glänzende Idee auf, das Nordtiroler Zillertal und das Südtiroler Ahrntal durch eine Straße über das Hundskehljoch miteinander zu verbinden, um den Autotouristen auch in dieses bisher besonders unberührte Gebiet der Zillertaler Alpen zu locken. Inzwischen ist es um das Projekt wieder still geworden, das bei näherer Betrachtung nicht nur unrentabel, sondern auch ein weiterer Bestandteil der groß angelegten Kampagne der Umweltvernichtung wäre, als welche sich die in den letzten Jahrzehnten erfolgte Erschließung der Alpen immer deutlicher herausstellt. Zur Zeit kann man das einsame Hochtal zwischen Ribler- und Magnerkamm also nur zu Fuß erreichen, und das wird allem Anschein nach bis auf weiteres so bleiben.

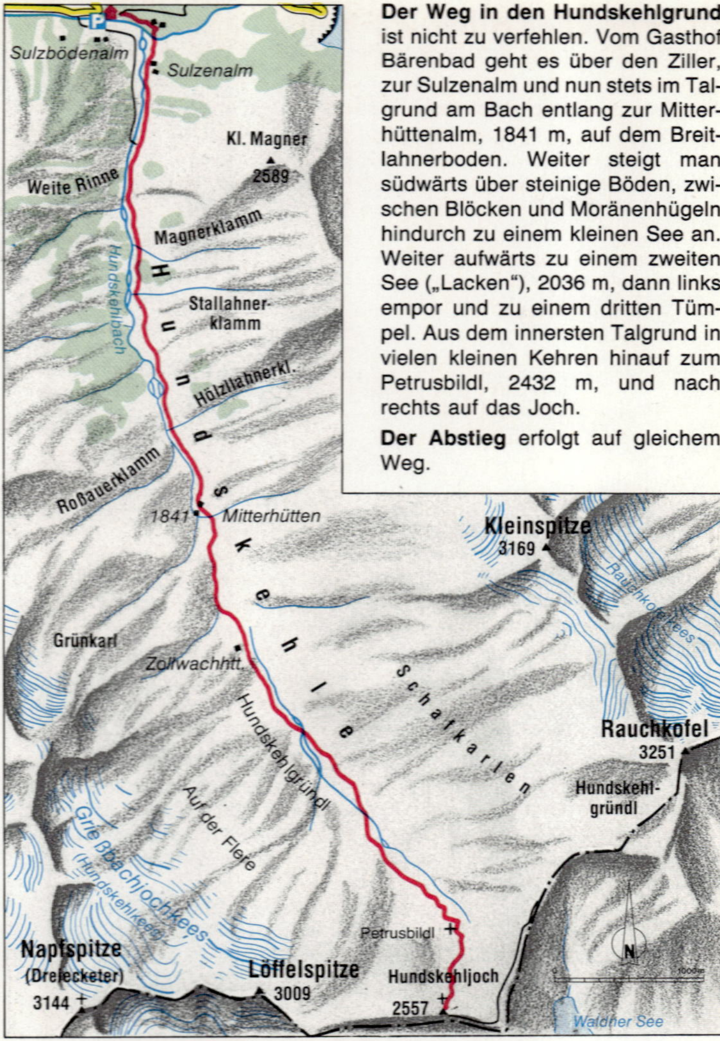

Der Weg in den Hundskehlgrund ist nicht zu verfehlen. Vom Gasthof Bärenbad geht es über den Ziller, zur Sulzenalm und nun stets im Talgrund am Bach entlang zur Mitterhüttenalm, 1841 m, auf dem Breitlahnerboden. Weiter steigt man südwärts über steinige Böden, zwischen Blöcken und Moränenhügeln hindurch zu einem kleinen See an. Weiter aufwärts zu einem zweiten See („Lacken"), 2036 m, dann links empor und zu einem dritten Tümpel. Aus dem innersten Talgrund in vielen kleinen Kehren hinauf zum Petrusbildl, 2432 m, und nach rechts auf das Joch.

Der Abstieg erfolgt auf gleichem Weg.

50 Plauener Hütte, 2373 m

Zwischen Zillergründl-Stausee und Reichenspitze

Bärenbad – Zillerplattenalm – Plauener Hütte und zurück

Talort: Mayrhofen, 633 m, siehe Wanderung 45.
Ausgangspunkt: Bärenbad, 1450 m, siehe Wanderung 49. Postbus auch bis zum Stausee Zillergründl, was den Anstieg um etwa ¾ Std. verkürzt.
Parkmöglichkeit: Bei der Schranke an der Straße oder beim Ghf. Bärenbad.
Gehzeiten: Bärenbad – Plauener Hütte 2½ Std., für den Abstieg 1½ Std.
Anforderungen: Gut bezeichnete Fußwege.
Höchster Punkt: Plauener Hütte, 2373 m.
Einkehrmöglichkeiten: Bärenbad, Plauener Hütte.
Sehenswertes: Die kühne Talsperre des Speichers Zillergründl und die Fels- und Eiswildnis der Reichenspitzgruppe, an deren westlichem Abhang man sich hier befindet.

Der Speicher Zillergründl, 1986 fertiggestellt, war das letzte große Kraftwerksprojekt im Bereich des Zillertals. Der Bau hat in das dünn besiedelte, karge, verschlafene Bergbauerntal die neue Zeit einziehen lassen, mit allen Licht- und Schattenseiten, die diese mit sich bringt. Nun ist der Lärm der Baumaschinen verstummt, der Staub der Sprengungen hat sich gelegt und der See präsentiert sich fast wie ein Stück Natur. Die Plauener Hütte (1985 recht gelungen renoviert) steht auf aussichtsreicher Höhe über dem See.

Aufstieg zur Hütte: Der Hüttenweg, gut bezeichnet und beschildert, kreuzt einige Male die für den öffentlichen Verkehr gesperrte Autostraße zum Damm. Von der Dammkrone geht es eben am See einwärts, bis nach Überschreitung des Keesbachs die Trasse des alten Hüttenwegs erreicht wird, der von hier steil in vielen Kehren über den Rücken des Sonntagslahnerkopfs zur Hütte emporleitet.
Wer noch frisch ist, dem sei empfohlen, von der Hütte auf dem Höhenweg zum Heiliggeistjoch und zur Zillerplattenscharte ein Stück nach Süden zu den weiten Karen der südlichen Reichenspitzgruppe zu wandern.

Der Abstieg nach Bärenbad erfolgt auf dem gleichen Weg.

Tiefblick gegen Südosten auf den Speicher Zillergründl.

WK 151
Zillertal
Tuxer Alpen
Jenbach – Schwaz
Wanderkarte 1:50 000
freytag & berndt
mit touristischen Informationen

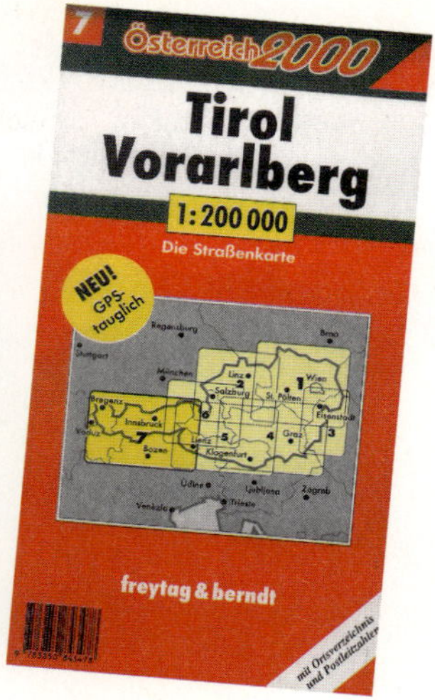
7
Österreich 2000
Tirol
Vorarlberg
1:200 000
Die Straßenkarte
NEU! GPS-tauglich
freytag & berndt
mit Ortsverzeichnis und Postleitzahlen

Stichwortverzeichnis

Die Zahlen hinter den Begriffen sind Tourennummern; die in Klammern gesetzten sind Seitenzahlen. Bezeichnungen wie Hohe, Niedere, Große, Kleine usw. sind nachgestellt.

Notizen

Notizen

Notizen

Notizen

Notizen